H<sub>enry</sub> ARAGON

MEMBRE DE LA SOCIÉTÉ FRANÇAISE D'ARCHÉOLOGIE

# LA SEIGNEURIE DE CASTEL-ROUSSILLON

## ANDRÉ DE FENOUILLET

### VICOMTE D'ILLE ET DE CANET

SEIGNEUR DE CASTEL-ROUSSILLON

Vidimus, 1364. — Capbreu (papier terrier des biens
de Castel-Roussillon, 1357-1359).

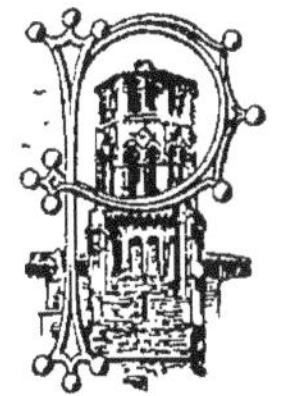

| TOULOUSE | PARIS |
| :---: | :---: |
| ÉDOUARD PRIVAT | AUGUSTE PICARD |
| ÉDITEUR | ÉDITEUR |
| 14, RUE DES ARTS | 82, RUE BONAPARTE |

1917

# LA SEIGNEURIE DE CASTEL-ROUSSILLON

## ANDRÉ DE FENOUILLET

### VICOMTE D'ILLE ET DE CANET

SEIGNEUR DE CASTEL-ROUSSILLON

Vidimus, 1364. — Capbreu, terrier 1357-1359.

Henry ARAGON

MEMBRE DE LA SOCIÉTÉ FRANÇAISE D'ARCHÉOLOGIE

# LA SEIGNEURIE DE CASTEL-ROUSSILLON

## ANDRÉ DE FENOUILLET

### VICOMTE D'ILLE ET DE CANET

SEIGNEUR DE CASTEL-ROUSSILLON

Vidimus, 1364. — Capbreu (papier terrier des biens de Castel-Roussillon, 1357-1359).

TOULOUSE | PARIS

ÉDOUARD PRIVAT | AUGUSTE PICARD

ÉDITEUR | ÉDITEUR

14, RUE DES ARTS | 82, RUE BONAPARTE

1917

# INTRODUCTION

---

Le *capbreu*[1] avait pour but la reconnaissance des droits du seigneur sur les biens des tenanciers. Ceux-ci, en un mot, devaient reconnaître, par l'aveu et le dénombrement, les droits du seigneur foncier entre les mains des commissaires chargés de dresser les papiers terriers, et, par le fait, ils étaient, pour l'objet du contrat, justiciables du concédant.

Dans le *capbreu* de Castell Rossello, les tenanciers reconnaissent par ces actes une redevance annuelle avec les différentes réserves qui sont mentionnées et qui constituent les droits de directe seigneurie, de lods et de foriscap[2].

C'étaient les droits de domaine direct ou éminent perçus par le seigneur sur les terres que celui-ci possédait en alleu, et de celles qu'il possédait à la fois en fief, en bénéfice. Ces droits se retrouvent dans presque toutes les chartes de cette époque ; et ce cas se présente pour presque toutes les communes de l'ancien Roussillon. Tout propriétaire de terres allodiales avait le droit de les con-

---

1. En droit catalan, *Capbreu, Capibrevium.*

2. « *In et super* quo dictus nobilis recipit .. foriscapium, laudimium et directum dominium. » Telle est la formule invariable des divers actes du *capbreu.*

céder à des tenanciers qui lui payaient des redevances et jouissaient du produit de ces terres, tandis que le propriétaire ou seigneur primitif n'en conservait plus que la *directe seigneurie*. Quant aux autres droits qui concernaient les personnes, les tailles, impôts publics, etc., et qui primitivement appartenaient au souverain, ils avaient été le plus souvent aliénés au profit des seigneurs des terres : ceux-ci, comme on l'a déjà vu par les documents de Castell Rossello, outre les droits de *directum dominium*, percevaient les droits de *foriscapium* sur le prix de vente d'un fonds ou d'aliénation de toute propriété.

Le mot *fief* désignait le bien baillé au vassal : c'était le sens primitif du mot. Le droit du suzerain sur le fief possédé par un vassal s'appelait souvent *feodum* ; au xiiie siècle on dira aussi *obéissance*, plus tard *mouvance*. Enfin, le mot *fief* a été quelquefois défini le contrat, la convention même d'où naissent les rapports que l'on vient d'étudier : *feodum est contractus*. Le *dominium* désignait les biens donnés en fief, ainsi que les biens non donnés en fief : une même terre possédée féodalement était l'objet de droits réels différents. L'un de ces droits, droit immédiat, appartient au détenteur du fief, au *vassal*; l'autre, droit médiat et lointain, appartient au bailleur primitif, au *suzerain*. Le premier de ces deux droits était le domaine utile ; le second a reçu le nom de *domaine direct* ou *seigneurie directe* : nous retrouvons ces expressions dans les chartes de Castell Rossello[1] du xiiie siè-

---

[1] Archiv. départ. : « directum dominium et censum unius denarii. »

cle; elles sont bien établies au xv⁰ siècle. L'action utile était une extension de l'action directe[1]. Les romanistes employèrent les expressions *dominium directum, dominium utile* en s'inspirant des expressions : action directe, action utile. Ces deux expressions impliquent, du reste, la notion d'un droit très faible chez le vassal, d'un droit bien plus puissant, d'une propriété au moins légale chez le suzerain. « Le droit du suzerain, dit Paul Viollet, n'ayant cessé de s'affaiblir, les mots se sont bientôt trouvés en désaccord avec les faits. L'importance juridique du domaine direct alla donc décroissant de siècle en siècle. A la fin de l'Ancien régime, l'évolution est complète. Le domaine utile est considéré comme la véritable propriété. Le domaine direct n'est plus qu'une sorte de servitude gênante[2]. »

Mais quelle que soit la nature du cens, la directe est en vigueur. On sait que dans le contrat du bail à cens, le propriétaire d'un héritage ou d'un autre droit immobilier l'aliène sous la réserve qu'il fait de la *seigneurie directe* (*directum dominium*) et d'une redevance annuelle (*recipit quolibet anno perpetuo*) qui doit lui être payée par le preneur ou par ses successeurs, en reconnaissance de ladite seigneurie.

Il est de l'essence du contrat de bail à cens que le bailleur se réserve le domaine direct ou seigneurie directe. La redevance annuelle récognitive de cette seigneurie ne peut être prescrite par le détenteur contre le

---

1. Digeste, XIII, xliii.
2. P. Viollet, *Hist. du droit civil : les fiefs*, liv. IV.

seigneur. Le propriétaire d'un héritage censuel ne possède que le domaine utile : il ne peut pas en faire un bail à cens, selon la règle *cens sur cens n'a lieu.*

La rente foncière, au contraire, n'est pas seigneuriale; c'est une simple charge de l'héritage. La rente foncière n'étant pas seigneuriale, est prescriptible[1].

« La *directe,* écrit M. Viollet, voilà le signe juridique du contrat féodal ! A cette étiquette romaine les feudistes reconnaissent... le contrat germanique ! » Ces romanistes avaient voulu dire que, dans certaines situations doubles, comme celle du bailleur et du preneur à emphytéose, la propriété proprement dite, la propriété légale, était du côté du bailleur; la propriété extralégale ou *utile,* du côté du preneur. Par le mot *directe,* ils avaient voulu souligner l'importance des droits du bailleur ou de ses ayants cause. Ces mots *dominium directum* (dont on peut signaler l'invasion dans la terminologie féodale et que nous retrouvons invariablement dans les chartes de Castell Rossello) continuèrent à être employés à l'occasion de contrats différents du fief et que personne ne pouvait taxer de féodalité. De là une nouvelle distinction : il existe une directe seigneurie ou féodale, et une directe non féodale, une directe privée. « Depuis des siècles on s'était servi de la directe avec une iniquité flagrante pour tirer un peu d'argent des terres qui n'en rendaient pas. Mais la directe, ce mot perfide, n'eût été

---

[1]. Mais la quotité du cens est prescriptible ; les arrérages aussi; ce qui est imprescriptible, c'est le principe de la *directe.* Merlin, Archiv. départem., 1<sup>re</sup> série, tome XI.

qu'une arme émoussée et inutile sans le secours du principe : *il n'y a point de prescription de la part des tenanciers contre la directe*[1]. »

Le cens, *census*, impôt foncier, portait sur la terre et sur les autres richesses[2] : un grand nombre de fonds payaient un *census* au gros propriétaire, leur voisin, leur seigneur ; ces redevances étaient stipulées à l'occasion d'une concession en précaire, en bénéfice ou fief, en emphytéose, à l'occasion de la conclusion d'un bail à longue durée, plus ou moins voisin de l'emphytéose pure. Les censives désignèrent une certaine étendue de terrain dans laquelle tous les héritages étaient assujettis à un cens envers le même seigneur. Telles étaient les terres « tenues à cens ou à rente, ou à champart[3] » envers le seigneur Arnald de Castell Rossello.

On verra, par les chartes successives qui ont trait aux seigneurs de Castell Rossello, que le bail à cens est continuel au Moyen âge : « c'est un contrat envahissant et attractif ; on lui assimile volontiers l'emphytéose ; dans une foule de circonstances on en suppose l'existence, et on imagine un bail à cens pour expliquer des relations traditionnelles dont on ignore la véritable origine[4]. » On voit poindre le bail à cens ou à rente (*annuo censu seu redditu*) ; mais il se développe et s'épanouit au Moyen âge. Le censitaire est propriétaire : il peut donc libre-

---

1. Mais un seigneur peut la prescrire contre l'autre par l'espace de trente ans. P. Viollet, *op. cit.* ; Renaudon, *Dict. des Fiefs.*

2. Digeste ; Code de Justinien, XI ; Code de Théodose, XIII.

3. Beaumanoir, chap. XIV.

4. P. Viollet, *Hist. du droit civil français*, liv. IV.

ment vendre sa terre censuelle; cette terre donnait souvent lieu, au profit du bailleur ou de ses ayants cause, à la perception d'un droit. Il y a plus : ce droit de toucher le cens ou la rente peut lui-même être vendu comme tout autre bien; un droit de mutation est perçu à l'occasion de ces ventes, comme s'il s'agissait de la vente de l'héritage lui-même[1].

D'après les chartes, le contrat avait lieu de deux manières : le propriétaire d'immeuble recevait d'un capitaliste une somme d'argent qu'il n'était point obligé de rembourser, ou encore un bien, une valeur quelconque. En échange de ce service, on grevait à perpétuité la terre d'un cens ou d'une rente annuelle en fruits ou en deniers : c'était la rente constituée. D'autre part, une personne recevait d'une autre personne un fonds qu'elle lui remettait, sans en percevoir le prix principal; mais elle grevait à perpétuité cette terre d'une rente ou cens annuel au profit de ses ayants cause; on n'avait pas la faculté de libérer sa terre en payant le capital correspondant à la rente créée : voilà le cens foncier. Les documents de Castell Rossello nous éclaireront sur les coutumes qui concernent la rente foncière et le bail à cens.

---

1. Il est certain que, dans plusieurs coutumes, le bail à cens et la rente foncière ont donné lieu, l'un et l'autre, surtout originairement, à la perception d'un droit de mutation : P. Viollet, *op. cit. : Les cens et les rentes*, liv. IV; Guyot, *Coutume de Paris;* Laurière, *Textes des coutumes de la prévôté de Paris.*

## Les vicomtes de Fenouillet et le vicomte d'Ille, André de Fenouillet.

Avant de transcrire les deux documents si intéressants pour l'histoire locale de Castell Rossello, il sera intéressant de reproduire les quelques lignes que consacrait, en 1833, Renard de Saint-Malo, le fidèle historien du Roussillon, au noble vicomte d'Ille[1], André de Fenouillet.

Si, à cette époque, on exhuma, *sous le comble obscur d'une maison*, une simple charte où il était question du vicomte André de Fenouillet, nous avons eu la bonne fortune de découvrir dans nos précieuses archives départementales deux documents de la plus haute importance pour la seigneurie de Castell Rossello.

Les plus anciens vicomtes (*de la famille de Fenouillet, dont les ruines existent encore*), sont Arnaud I et Pierre, « qui semblent avoir possédé la vicomté par indivis vers la fin du xᵉ siècle. Pierre de Fenouillet fut présent, le 25 mars de l'an 1000, à l'acte d'union de l'abbaye de Saint-Paul-de-Fenouillèdes à celle de Saint-Michel-de-Cuxá.

« La race des anciens vicomtes de Fenouillèdes' finit en la personne d'Arnaud III qui mourut dans les dernières années du xiiᵉ siècle. Ave, sa fille unique, née en 1173, épousa un seigneur de la maison de Saissac,

---

1. M. P. Vidal reproduit, dans la *Revue d'histoire et d'archéologie* (mars 1911, n° 1), la charte de Sanche, roi de Majorque, portant création de la vicomté d'Ille : *Sanxius*, Dei gratia rex Majoricarum... Revue *Ruscino,* p. 113.

et leur fils, Pierre de Saissac, prit le surnom de Fenouillet[1].

« Ce Pierre de Fenouillet est une des grandes figures de son temps. Il s'allia avec les seigneurs du Midi contre Simon de Montfort et ses croisés... Ses domaines furent confisqués. Ils passèrent à Nunyo Sanche, alors seigneur du Roussillon... Par le traité de Corbeil (1258), cette vicomté de Fenouillèdes demeura réunie à la couronne de France et fut incorporée dans la province du Languedoc[2]. »

Le fils de Pierre de Fenouillet se qualifia de « vicomte de Fenouillèdes, en 1259. Sa veuve, Béatrix d'Urg, demanda, en 1264, au Parlement, la restitution de la vicomté; elle fut déboutée de sa demande.

« Pierre de Fenouillet avait rendu de grands services à Jacques Ier qui l'avait comblé de ses faveurs. De son côté, Sanche, successeur de Jacques, créa la *Vicomté d'Ille*, pour lui témoigner sa reconnaissance. Pierre de Fenouillet, *vicomte d'Ille*, mourut peu de temps après, car, dans une charte du 24 janvier 1316, son fils parle déjà de son père décédé[3]. »

Nous arrivons au seigneur qui nous intéresse, à André de Fenouillet, fils de Pierre de Fenouillet, le *premier vicomte* d'Ille.

---

1. Dans le courant de la seconde moitié du IXe siècle, l'ancien *Pagus Fenolietensis* ou *Fonolietensis*, « pays de Fenouillèdes », apparaît avec le titre de COMTÉ. Ce fut l'une des nombreuses possessions de la maison comtale de Barcelone : P. Vidal, revue d'hist. et d'arch. *Ruscino*, n° 1, p. 111.

2. P. Vidal, *op. cit.*, p. 112.

3. Les vicomtes de Fenouillet et la vicomté d'Ille. (Extrait de la revue *Ruscino* : P. Vidal.)

## Origines des Vicomtés de Fenouillet et de Perapertuse.

Au sujet de la Vicomté de Fenollet, il sera opportun
de rappeler que Louis VIII, roi de France, de retour de
l'expédition d'Avignon, avait donné, en 1226, à Nuno
Sanche, comte de Roussillon, du Conflent, de Vallespir
et de Cerdagne, les *vicomtés de Fenolet* et de Perapertuse,
titres qui nous intéressent doublement, puisque le seigneur de Castel-Roussillon, André de Fenouillet, en 1357,
avait hérité des droits de ces comtés et avait même pris
le nom de la vicomté même; le seigneur de Castel-Roussillon, le chevalier Guillaume-Raymond-Albert, *de* Perapertuse ou d'Ortafa[1], avait également pris le titre de
vicomte de Perapertuse.

Voici le document authentique extrait de la biblio-
thèque de Colbert[2].

*Litterae Ludovici VIII. Regis Francorum quibus Nunnoni
Sancii Comiti Ruscinonensi donat* VICECOMITATUM FENOLETI
ET PETRAEPERTUSAE[3].

Ludovicus Dei Gratia Francorum Rex. Noverint universi
praesentes pariter et futuri quod nos donamus et Concedimus dilecto et fideli nostro Nunnoni Sancii Comiti Rossilionis, Confluentis Vallespirii, et Ceritaniae et heredibus
suis in perpetuum vicecomitatum Fenoleti et Petraepertusae
cum pertinentiis et juribus eorumdem. Et ipse Comes Nuno
fecit nobis de hiis homagium ligium contra omnes homi-

---

1. *Capbreu de 1451-56*, éd. Privat.
2. *Ex authentico bibliothecae Colbertinae*, anno 1226.
3. *Appendix Marcae Hispanicae*, p. 1412, DIV.

nes et feminas qui possunt vivere et mori ; et ipse et heredes
sui similiter facere tenentur heredibus nostris, salva fide-
litate Regis Aragonum. Ita tamen quod si aliquo tempore,
quod absit, guerra inter nos et dictum Regem Aragonum
moveretur, ipse Nuno vel heredes sui non juvarent dictum
Regem Aragonum contra nos vel heredes nostros de eo
quod tenent de nobis, sed totum illud nobis vel heredibus
nostris durante guerra redderent, et illud teneremus quousque guerra finiretur ; qua finita, totum illud ad ipsum vel
heredes suos sine contradictione aliqua reverteretur. Quod
ut perpetuae stabilitatis robur obtineat, praesentem paginam
Sigilli nostri auctoritate praecepimus confirmari. Actum in
castris juxta Bellumpodium anno dominicae incarnationis
M. ducentesimo vicesimo sexto, mense Octobris.

Marca[1] relate dans quelles circonstances la vicomté fut
donnée et cédée au fidèle comte de Roussillon et de Cerdagne, Nuno Sanche. Cette donation fut confirmée deux
ans après par Louis IX.

Anno MCCXXVI. mense Octobri, cum Ludovicus VIII.
Rex Francorum, ab expeditione Avinionensi redux, esset
apud Bellumpodium in comitatu Fuxensi, venissetque ad
eum Nuño Sancii comes Ruscinonensis, Rex ei et heredibus
ejus in perpetuum dono dedit vicecomitatum Fenoleti et
Petraepertusae. Comes vero de iis Regi fecit homagium ligium contra omnes homines qui possunt vivere et mori.
Hanc donationem biennio post confirmavit hujus Regis
filius Ludovicus IX. cognomento sanctus. Extant acta au-
thentica istarum rerum penes nos.

---

1. *Marcae Hispanicae liber quartus*, p. 524.

## André de Fenouillet, vicomte d'Ille.

Tous nos monuments écrits ne sont point perdus. Il ne faudrait que se raviser chez la plupart de nos vieux indigènes, et du sein de l'oubli surgiraient les matériaux les plus utiles à notre histoire provinciale. Croirait-on que sous le comble obscur d'une ancienne maison, a été exhumée, en dernier lieu, la copie authentique, sur parchemin, d'une charte du registre des grâces de la couronne d'Aragon? Pierre IV y accorde, sous la date du 12 janvier 1375, un accroissement de juridiction à André, vicomte d'Ille et de Canet, en retour des bons et loyaux services qu'il en a reçus dans l'expédition de Sardaigne, où il l'accompagna à la tête de ses vassaux, dans la guerre de Castille, qui lui valut plusieurs années de captivité, et à l'invasion du prétendant de Mayorque sur les terres du Roussillon et de Cerdagne.

L'annaliste[1], en effet, d'accord avec la chancellerie Aragonaise, range le vicomte André[2] parmi les chevaliers qui suivirent le pennon royal en Sardaigne, l'année 1354[3]. C'est dans le château de Magallon, dont la défense lui était confiée, qu'il fut fait prisonnier, en 1363,

---

1. Zurita, auteur des *Annales du royaume d'Aragon*.

2. *Chronica del rey en Pere.* Cf. *Étude sur Millas*, J. Capeille. — Bernard de So avait signé le jeudi, quatrième jour des calendes d'août 1344, l'annexion du royaume de Majorque à celui d'Aragon et avait conservé la baronnie de Millas avec tous ses biens. Il était en guerre, le 9 juin 1350, avec Pierre II, vicomte d'Ille et de Canet. Son fils, Jean de So, était déjà mentionné comme seigneur de Millas, et le 3 janvier 1353, lorsque le vicomte d'Ille épousait à Perpignan, Sibille, fille du vicomte de Narbonne, *André de Fenouillet*, il donnait pour garants de la dot de sa femme, les seigneurs de Millas, chevaliers.

3. Zurita, t. II, p. 256.

selon le même auteur[1], avec plusieurs de ses frères d'armes Catalans et Roussillonnais. Enfin, l'an 1373[2], aux premières menaces d'irruption que laissa percer l'Infant de Mayorque, d'ordre de Gaucerand de Pinos, capitaine général du Roussillon et de la Cerdagne, il pourvut à la sûreté de l'un et de l'autre pays, et il prit si bien ses mesures[3], qu'à Panissas[4], le Mayorquin, qui s'était annoncé comme un indomptable torrent, fut éconduit avec perte de réputation.

Mais dans l'intervalle de ces deux derniers événements, André ne manqua point à donner signe d'existence. Quatre ans après son revers de Magallon, il s'attacha à la fortune de Henri de Transtamarre[5]. On le trouve plus tard signataire de l'acte royal de retour à la couronne du fief d'Albarrazin[6]. En 1370[7], il figure avec Bérenger d'Ortafa, François et Guillaume d'Oms, François de Çagarriga et autres, dans la ligue des défenseurs du principe qui refuse au baronnage le droit de frapper l'impôt, et celui d'immunité de la justice souveraine, surtout en matière criminelle. Pierre de Cima, alors confesseur du Roi[8], et Raimond de Vilanova, chambellan, furent, dans ce conflit, employés comme négociateurs par la prérogative royale. Mais les États assemblés tout exprès à Montblanc, l'an 1371[9], ayant déféré au Roi, assisté de deux

---

1. Zurita, t. II, p. 316.
2. *Ibid.*, p. 366.
3. *Ibid.*, p. 366 ; voir Dom Vaissète, t. I, p. 358.
4. Passage à l'ouest de Bellegarde.
5. Zurita, t. II, p. 350 v°.
6. *Ibid.*, p. 351.
7. *Ibid.*, p. 360.
8. *Ibid.* C'est probablement celui qui fut évêque d'Elne (*Publicateur*, n° 26, 1832).
9. *Ibid.*

chevaliers de chaque bord, la décision du différend, ce fut le vicomte André, également versé dans les armes et le droit public, que le Roi choisit dans les rangs de la ligue de *Conveniencia*[1].

Voulant rendre d'une exécution ferme et stable à toujours son diplôme précité du 12 janvier 1375, Pierre IV ne se contente pas d'en donner personnellement l'assurance par serment sur les saints évangiles; il exige déjà une garantie de la part du règne futur, en faisant aussi jurer le maintien de son acte royal à Jean, son fils aîné, prince héréditaire, désigné sous le titre de Lieutenant-général du royaume. Les témoins de cette double assurance sont Gaucerand de Pinos, François de Çagarriga et Raimond de Vilanova, déjà signalés; Hugues de Santa Pau, Emmanuel d'Entença, et Raimond de Planella, chambellan, notabilités non moins fréquemment citées dans les Annales contemporaines. Le protocole de l'Infant est à la suite de la charte royale.

André était fils de Pierre de Fenouillet[2], qui fut probablement le premier vicomte d'Ille, en 1314[3]. Le 10 janvier 1353, il épousa, à Perpignan, Sybille, fille d'Aymeri VI, vicomte de Narbonne[4].

Dans l'étendue de l'ancienne vicomté d'Ille, dont les titulaires le furent aussi de celle de Canet, des archives, ou des concessions éparses, des titres isolés quelconques existent encore à coup sûr. Combien n'importerait-il

---

1. Zurita, t. II. La Ligue, ou Junte de *Conveniencia des Chevaliers de Catalogne*, se forma, sous le bon plaisir du Roi, de tout ce qui tenait parmi la noblesse au maintien des droits de la couronne.

2. Dom Vaissète, t. IV, p. 222.

3. *Ibid.*, t. III, p. 583. Ce fut Sanche, roi de Majorque, qui érigea cette vicomté.

4. *Ibid.*, t. IV, p. 222.

pas de faire connaître ces précieux documents, pour établir la ligne vicomtale, à partir de Pierre, déjà cité, qui, d'Eclaramonde, vicomtesse de Canet[1], laissa postérité, au moins en la personne d'André[2].

## Revenus et droits qu'avait eus le vicomte d'Ille et de Canet sur les comtés de Roussillon et de Cerdagne, en 1395[3].

En 1395, le vicomte d'Ille percevait des censaux importants sur les terrains inféodés, achetés par le roi Pierre IV, de bonne mémoire.

RENDES DE CASTELLNOU, AB PASQUER E FORESCAPIS.

De les dites rendes, qui solien valer cascun any LX. llr e valen vuy, con que mes no menys, XXXV. llr, lo dit Proc. reyal no reeb res, com sia del VEZCOMTE D'ILLA, per compra qu'en feu del s. rey En P[4] de bona memoria per preu de XX.M.S.

Le vicomte d'Ille percevait également sur le château de Tautavel, en plus des foriscaps, 250 livres; à son décès, ces droits furent cédés à Bérenger d'Ortaffa, en totalité, par le roi régnant.

RENDA DEL CASTELL DE TALTHEUULL, AB LOS FORESCAPIS[5].

De les dites rendes, qui solien valer cascun any, con que mes no menys, CCL. llr, lo dit Proc. reyal no reeb res, con

---

1. Dom Vaissète, t. III, p. 583.

2. Extrait de *Le Publicateur du département des Pyrénées-Orientales*. 1833, n° 8, pp. 29-30. J.-B. RENARD DE SAINT-MALO.

3. Sous le règne de Pierre IV d'Aragon. (Pendant cette période, l'ensemble des revenus royaux du Roussillon et de Cerdagne s'élevait à 16.906 livres 13 sols barcelonais par an. Alart, *Géogr. histor. du Roussillon.*)

4. Le roi Pierre IV d'Aragon : «En Pere... lo senyor Rey ara regnant.»

5. Alart, *Géogr. historique,* 1876 (f. 35).

lonch temps ha que foren assignades e donades per lo s. rey
En P. de bona memoria al noble Vescomte d'Illa q° [1], en
paga de LX. M. s. que'el dit s. rey en P. li devia, per rao de
graciosa concessio que li'n havia feta; e vuy ho ten moss.
Bñg [2] d'Ortafa, al qual lo s. rey ara regnant ho ha tot
enalohit.

Le Vicomte d'Ille et de Canet [3] percevait sur les biens
de *Clayra*, en plus des foriscaps, des rentes évaluées
chaque année à 250 livres : ces biens lui avaient été donnés par le comte d'Empories, en paiement de la dot de
dame Bonaventure de Xerica, veuve dudit vicomte.

Rendes de Clayra [4].

De les dites rendes, qui solien valer cascun auy CCL llr,
non reeb res lo s. rey, con lonch temps ha que lo dit lloch,
ensemps ab les dites rendes, foren venuts per lo s. rey En
P. de bona memoria a la senyora infanta dona Johanna q°,
Comtessa d'Ampuries, per preu de X.M. florins; e ara son
del Vezconte d'Illa e de Canet, a qui foren donats per lo
Comte d Ampuries, en paga prorata del dot de madona Bo-
naventura de Xerica, qui fo muller del dit Vezconte q°:

Le vicomte d'Ille, ou ses héritiers, dit le document,
percevait également, sur les biens de Saint-Laurent, une
rente annuelle de 325 livres. Les rentes des deux biens
de Claira et de Saint-Laurent étaient évaluées à 575 livres.

---

1. Feu le vicomte d'Ille.
2. Berengarius d'Ortafa.
3. Ce document mentionne la vicomté de *Canet*. dont on ne parlait
pas dans les autres pièces.
4. Alart, *Géogr. hist.* (folio 36), p. 52.

### Rendes de Sent Lorentz [1].

De les dites rendes, qui valien cascun any cccxxv. llr,
lo s. rey no reeb vuy res, per ço con son en poder del dit
Vezconte d'Illa o de sos hereus, qui vuy les tenen per la
prop dita raoi axi que les prop dites n<sup>es</sup> rendes de Clayra et
de Sent Lorentz estan vuy per preu de x.m. florins, e mun-
ten cascun any, con que mes no menys, a dlxxv. llr.

---

1. Alart, *op. cit.*, XLVIII, p. 52.

# PREMIÈRE PARTIE

## ANDRÉ DE FENOUILLET

Vicomte d'Ille et de Canet<br>
Seigneur de Castel-Roussillon

**Vidimus. Copie authentique de l'acte du 13 octobre 1364.**

### ACTE DE VENTE FAIT PAR ANDRÉ DE FENOUILLET[1]

### § 1. — Observations générales sur l'acte vidimé du 13 octobre 1364.

Au sujet de ce document, il sera intéressant de rappeler que les procédés de confirmation qu'on a décrits substituaient en réalité un acte nouveau au document confirmé. « La teneur de l'acte primitif, écrit M. A. Giry[2], passait, il est vrai, pour la plus grande partie, dans la confirmation, mais dépouillée de son protocole et d'une partie de ses formules, souvent rajeunie, modifiée ou altérée, soumise en un mot à la rédaction de l'acte nouveau. Loin d'avoir pour objet de conserver les actes an-

---

1. Cette copie authentique a été faite le 13 octobre 1364, c'est-à-dire sept ans environ après l'acte original, en présence de trois notaires, Pons Durand, Pierre Forrell et Jacques de Saint-Martin. (L'original sur parchemin a 0ᵐ 69 de longueur sur 0ᵐ 64 de largeur.)

2. A. Giry, *Objet de la diplomatique*, liv. I, ch. 1. Pour l'étude de ce document, je m'appuie sur les travaux faits par le regretté M. Giry, l'éminent professeur de l'École des Chartes, qui écrivait lui-même en novembre 1892, en présentant son ouvrage au public, que « ce livre, fondé sur les documents de nos archives françaises, s'adresse avant tout aux travailleurs qui veulent étudier les sources de l'histoire de notre pays. »

ciens, les confirmations tendaient à en annuler la valeur en créant des titres nouveaux, et nous leur devons probablement la perte de plus d'un diplôme. » Il arriva que l'on se borna à reproduire des extraits de l'acte à confirmer, mais en annonçant expressément la transcription *translatum fideliter*. Plus tard, sous Philippe-Auguste, l'usage commença à prévaloir d'attester que l'on a lu et examiné l'acte dont la teneur suit : l'acte transcrit dans un *vidimus* fut l'acte *vidimé* : ces actes sont extrêmement abondants à partir du XIII° siècle; les chancelleries souveraines avaient délivré des *vidimus* pour confirmer des actes antérieurs.

Mais ces copies vidimées furent remplacées peu à peu par des actes d'une forme un peu différente que nous nommons *copies authentiques*.

Ces copies de chartes, comme celles que je reproduis ici[1], étaient généralement et principalement dans les documents du midi de la France, délivrées par des notaires publics. La charte qui concerne la vente faite par André de Fenouillet, vicomte d'Ille et de Canet, est annoncée par la formule : *Hoc est translatum fideliter sumphum a quodam publico instrumento cujus tenor talis est.*

Cette formule précède immédiatement l'énoncé de la vente. Nous trouvons à la fin une sorte de *certificat d'authenticité* dont voici les termes : Le notaire rédacteur a eu soin de donner toute la validité à ce certificat final, daté, signé, examiné, lu et approuvé par trois *témoins lettrés*, avec la mention de collation. L'annonce de la copie est terminée par un certificat suivi du seing manuel du notaire, Guilhem Fons, et de l'approbation de cette

---

[1]. L'acte est daté du 15 mars 1357 (année de la Nativité) et la transcription devant témoins eut lieu le 13 octobre 1364.

copie par Barthélemy Alomar, juge ordinaire de l'intendant du bayle de Perpignan. Il y a tout lieu, en consi-
dérant les formules usitées autrefois par les notaires et
les officiers publics, et que l'on retrouve dans ce document, d'assurer à cette copie le caractère authentique
qui devra lui donner une valeur juridique, et garantir
l'authenticité du document *transcrit*, ainsi que la fidélité
de la copie [1].

Voici le libellé du certificat :

*Ego Raymundus Pastoris*, scriptor Perpiniani, *hoc presens*
TRANSLATUM A SUO ORIGINALI PUBLICO INSTRUMENTO, *bene et fideliter, vice publici notarii infrascripti, sumpsi et* TRANSLATAVI
*verbo ad verbum, puncto ad punctum, nil addito atque remoto
quod mutet sensum vel corrumpat intellectum...* [2].

Le scribe certifie que l'acte a été fidèlement transcrit
mot à mot, devant trois témoins qu'il désigne, sans aucune addition ou fausse interprétation du texte, et que,
ces témoins qui ont vu l'original, ont approuvé en tous
points cette transcription qui a eu lieu, le 13 octobre 1364
(année de la Nativité).

---

1. P. Giry. « Aux yeux des historiens, les copies dépourvues de tout
caractère légal d'authenticité peuvent avoir autant et plus d'autorité que
les copies authentiques : elles en acquièrent même bien davantage lors-
qu'il est possible de les attribuer à un érudit... » *Manuel de diplomatique*,
liv. I, ch. I.

On peut affirmer que cette copie est authentique, parce qu'elle porte
l'indication du nom de son auteur : ce qui est exceptionnel, quand c'est
l'œuvre d'un *généalogiste* suspect, comme il y en a eu toujours en si
grand nombre.

2. Voir le libellé de l'acte, pp. 56-57.

**§ 2. — Analyse succincte de la vente faite par le seigneur André de Fenouillet. Étude sommaire de ce contrat au point de vue du droit.**

Dans le document (*vidimus*) de 1357, la vente n'offre pas pour le droit catalan de particularités intéressantes. Ce contrat paraît avoir été purement consensuel; il transférait la propriété avant que l'objet vendu fût livré à l'acquéreur. « La tradition n'était pas un élément constitutif de la vente, indispensable à sa validité, et dans les actes qui ne sont pas rédigés d'après les formules du droit romain, il n'en est fait mention qu'exceptionnellement. »

On remarquera, dans cet acte de vente, combien est étendu le nombre de clauses, qui peut-être ne répondent pas toutes aux conditions réelles de la convention.

Le vendeur, André de Fenouillet, vicomte de Canet, proteste d'abord qu'il agit *librement* et en *pleine connaissance de cause*, et non point par contrainte ou par surprise :

*Noverint universi quod nos Andreas de Fonolleto, Dei gratia vicecomes de Caneto...* ex certa scientia *vendimus... et tradimus sive quasi tradimus.*

Cette clause, dit M. Brutails, modifiée par les notaires, « n'était plus qu'une formule vide de sens[1] ». En effet, lorsque les codes romains furent d'un usage courant et qu'ils inspirèrent les notaires, ces derniers se crurent obligés d'insérer dans leurs actes une clause pour signaler la tradition, qui par le fait n'existait point; clause

---

1. J. Brutails, *Étude sur la condition des populations rurales en Roussillon*, ch. VI (les biens et la propriété).

qui se réfère simplement au transfert du droit de propriété : *et titulo jure et perfecte venditionis vendimus, transferimus...* Mais à cette clause, ils ajoutèrent une restriction qui montre bien que là l'influence classique fut plus
apparente que réelle : cette phrase sacramentelle était
véritablement vide de sens.

Après l'énumération des biens vendus par le vicomte,
l'acte mentionne le paiement : *Prediclam siquidem venditionem, cessionem et translationem facimus vobis precio* QUIN
QUAGINTA LIBRARUM *de lerno...*

On peut affirmer que le paiement était, plus que la
tradition, nécessaire pour la perfection du contrat. On
peut le croire, si l'on s'en tient au libellé des instruments
de vente qui mentionnent tous le paiement comme effectué : *de quibus per peccatos nos tenemus.*

Après l'indication du prix et la mention du paiement,
le seigneur de Castel-Roussillon déclare renoncer à
l'exception de l'argent non nombré : *renuntiantes exceptionis peccunie non numerate.*

Mais, dans le cas où le prix serait inférieur à la valeur réelle de l'objet, le vicomte de Fenouillet cède par
donation entre vifs la plus-value de cet objet :

*Verum, si predicta que vobis supra vendimus, damus, cedimus, transferimus et mandamus, plus valent nunc seu valebunt
in futurum precio supradicto, illud totum plus valens... vobis et
vestris damus, donamus, diffinimus et remittimus perpetuo,
pure libere, et* DONATIONE *para et libera que dicitur* INTER
VIVOS....[1].*

De plus, le seigneur de Castel-Roussillon renonce à la
faculté qu'il pouvait avoir de faire annuler le marché

---

1. V. l'acte page 53 reproduit intégralement, pp. 52-57: § 25.

pour lésion de plus de la moitié du juste prix et à tous autres moyens de droit et de fait dont il pouvait s'aider pour attaquer le contrat :

*Renuntiantes legi que subvenit deceptis ultra dimidiam justi precii... renunciantes, quantum ad hoc, ex certa scientia, omni juri, privilegio et rationi ac consuetudini contra hac repugnantibus...*

Plus loin, le vendeur formait le souhait que Pierre Ville, médecin, son acheteur, fût maintenu dans la tranquille possession de sa propriété :

*Promittentes vobis quod nos et nostri faciemus vos... bona habere et tenere ac etiam possidere* PACIFFICE *et* QUIETE *ab omni persona et universitate, perpetuo.*

Le seigneur répond sur ses biens de l'observation du contrat, même par les tiers, promettant même de solder les frais que pourrait entraîner pour Pierre Ville, son acheteur, la défense de ses droits de propriété :

*Et si vos vel vestri eligeritis dictam causam seu causas ducere in propria persona — promittimus — quod nos et nostri successores restituemus et solvemus vobis et vestris omnes expensas tam circa rem quam circa litem*[1]*, etc..... Et pro* PREDICTIS *omnibus et singulis complendis... Obligamus vobis nos et omnes heredes nostris* OMNIA BONA *et* JURA NOSTRA *presentia et* FUTURA[2]*...*

Après l'indication complète de l'objet du contrat, que j'ai résumé plus haut, le seigneur de Fenouillet transfère

---

1. Voir la reproduction intégrale de l'acte, pp. 54-55.
2. Libellé de l'acte. *ibid.*

à son acquéreur, Pierre Ville, ses pouvoirs, et déclare ne
retenir aucun droit sur le bien aliéné :

*Concedentes vobis, dicto Petro Vile, licentiam et auctoritatem
quod vos et vestri possitis apprehendere seu nansciscí corporalem
possessionem* [1]...

La dernière clause qui termine ce contrat de vente stipule que le vendeur, André de Fenouillet, malgré sa
*minorité de vingt-cinq ans*, bien qu'il ait la *majorité de vingt
ans*, jure sur les saints Évangiles qu'il ne demandera
jamais, en aucune façon, ni pour une raison quelconque,
la restitution de ce domaine cédé, déclarant que la vente
a eu lieu délibérément, sans contrainte, sans violence,
sans crainte, sans aucun subterfuge, mais avec toute la
présence d'esprit [2] :

« *Deliberate, et cum magno animi nostro proposito.* »
*Et quia nos sumus minores viginti quinque annis majores
tamen viginti annis, juramus... non venire ratione minoris etatis.
nec restitutionem aliquam modo aliquo impetrare* [3].

L'acte se termine par l'apposition de la signature des
témoins, frère Bernard de Castel Porro, de Bérenger de
Perapertusa, seigneur d'Ortapha, de Guilhem Vayrier et
Ferrer Castillo, prêtres *ebdomadiers* de l'église de Saint-
Jean. Suit la signature du notaire, Antoine Galotxer, qui
a apposé son seing manuel.

Cette exception du droit romain était fondée sur l'in-

---

1. Voir l'acte, p. 55.
2. Dans cette formule du dispositif ne retrouve-t-on pas une survivance altérée des dispositions de la loi romaine relative à la vente
simulée : *imaginaria venditio?*
3. Voir la note (1) relative à la majorité, pp. 55-56.

*capacité* du contractant. Le mineur déclare ici renoncer au bénéfice de son âge :

*Per quod etiam juramentum renunliamus expresse et per pactum juribus et legibus supradictis, et* OMNI JURI MINORIS ETATIS; et à celui de la *restitutio in integrum* et *benefficio restitutionis in integrum*.

La résurrection de la législation romaine, écrit M. Giry[1], la diffusion des études juridiques à la fin du XIIe siècle et l'esprit de chicane qui en fut la conséquence eurent pour effet d'introduire dans le formulaire des contrats toute une série de clauses finales nouvelles, dont les praticiens se complurent à grossir les actes qu'ils dressaient; ils y trouvaient le double bénéfice de faire montre d'une science mal digérée et d'allonger indéfiniment leurs écritures aux dépens de leurs clients.

Sous ombre de précautions destinées à mettre les contractants à l'abri de toute surprise, on imagina d'énumérer, en forme de renonciation, toutes les causes de nullité, toutes les « exceptions », tous les moyens, prévus par la loi romaine, le droit canonique ou la coutume, que l'une des parties ou même les tiers intéressés pourraient éventuellement invoquer pour atténuer ou détruire les effets des contrats.

Ce document est précieux parce qu'il contient plusieurs clauses renonciatives qui peuvent intéresser le droit. Nous retrouvons le cas de nullité qui pourrait provenir du défaut de consentement de l'une des parties; dans ce cas, le seigneur de Fenouillet, qui se serait engagé sous l'empire

---

1. A. Giry, *Manuel de diplomatique*, liv. IV, chap. VI.

de la violence ou du dol : de là la renonciation aux exceptions *ingratitudinis causa :*

*Et expressim renuntiamus super dicta donatione legi dicenti donationem inter vivos factam* CAUSA INGRATITUDINIS *revocari posse.*

Le seigneur renonce également à l'action en nullité que pourrait introduire l'acheteur dans le cas où celui-ci serait victime d'une lésion partielle : *ultra dimidiam justi pretii;* il renonce encore aux exceptions de l'argent du prix de vente qui n'est pas compté *exceptioni peccunie non numerate,* en vertu desquelles l'acheteur pouvait être tenu, sous peine de nullité, de faire la preuve du payement en espèces.

On constatera, en analysant ce document, que « les notaires ne cessent de s'ingénier à encombrer les actes qu'ils rédigeaient d'un luxe de clauses de cette espèce, presque toujours hors de proportion avec l'importance des actes, et qui souvent même ne s'y appliquaient nullement. »

Le contrat mentionne la clause finale dans laquelle les parties se sont obligées dans leurs personnes et dans leurs biens, sous la garantie d'une promesse solennelle, d'un serment prêté :

*Juramus per Deum et ejus sancta qualuor Evangelia manibus nostris corporaliter quasi tacta...*

Cette mention était de conséquence; la prestation de serment avait en effet cette valeur de confirmer les actes nuls, d'obliger, en dépit de la nullité du contrat, celui qui le prêtait; mais surtout l'Église, s'attribuant la juridiction en matière de serment, élevait la

prétention de connaître de tous les contrats où le serment
avait été apposé.

On remarquera, d'après les chartes que j'ai transcrites
sur Castell Rossello, que presque toutes les conventions
étaient accompagnées d'un serment[1].

Dans le document, la formule de l'obligation est iden-
tique à celle que l'on rencontre depuis la fin du xiii° siècle : le vendeur déclare s'obliger dans sa personne et celle
de ses ayants cause (*obligamus vobis et vestris nos et omnes
heredes et successores nostros*), ainsi que dans ses biens,
meubles et immeubles (*et omnia bona et jura nostra*); et
même il spécifie les biens présents et à venir (*presentia et
futura*).

Le document diplomatique se termine par la date, qui
est l'énoncé du temps et du lieu où ce document avait été
rédigé. La législation romaine avait prescrit que tout acte,
pour avoir une valeur, devait être daté de l'année et du
jour[2]; cette prescription avait passé dans plusieurs lois
barbares. La date de lieu se borne à l'énonciation pure et
simple de la localité : *Actum est hoc Perpiniani*.

On constatera que, quelle que soit la forme employée,
il y a une mention qui figure invariablement dans les
actes de vente de toutes les époques et de toutes les ré-
gions : c'est la *spécification* du paiement et la *mention* du
prix ; « elles furent toujours considérées comme essen-
tielles, et elles seules liaient les contractants[3]. »

---

1. A. Giry, *Manuel de diplomatique*, liv. IV, chap. vi : « Ce ne fut qu'au
xvi° siècle que l'on interdit aux notaires de les mentionner dans les
actes. Mais longtemps auparavant il y avait eu des interdictions par-
tielles ou locales. »

2. *Lex Alam. a Illothario*, constituta XLIII, 1.: « *Scriptura non valeat
nisi in qua annus et dies evidenter ostenditur.* »

3. A. Giry, *Manuel de diplomatique, Actes privés*, liv. VI, chap. iii.

**§ 3. — Remarque sur les surcharges, exponctuations, renvois, etc., et sur les souscriptions du notaire en forme de certificat.**

Au sujet des surcharges et renvois, corrections, ratures ou exponctuations que nous allons rencontrer dans le contrat de 1357, on peut remarquer que dans les actes dressés par les notaires, ceux-ci mentionnaient et approuvaient, généralement dans la formule de souscription, à peu près comme on le fait aujourd'hui, les corrections, ratures et surcharges qui pouvaient se trouver dans les documents.

Dans l'acte *vidimé* de 1357, le notaire approuve et mentionne la surcharge :

*Signum mei dicti Antonii Galolxerii, notarii publici Perpiniani, qui predicta, per me recepta hic scribi feci, signavi et clausi;* ET SUPRASCRIPSI IN XLVI<sup>a</sup> LINEA *dominium.*

Le scribe qui a fait la copie de l'acte original fait également mention de la surcharge qui existe à la troisième ligne, à la quarante-sixième ligne, et transcrit à la fin du document la phrase entière oubliée (*omisi scribere in sextadecima linea*) et qui constitue la fin du document.

A la suite de la teneur de l'acte, le notaire ajoutait (et c'est là ce qui confère à l'acte la « forme publique ») sa souscription, conçue en forme de certificat :

*Signum mei, dicti Anthonii Galolxerii, notarii publici Perpiniani, qui predicta per me recepta hic scribi, feci, signavi et clausi, et suprascripsi in* XLVI<sup>a</sup> *linea dominium.*

On voit que l'acte est correctement rédigé; rien n'y

manque : le nom et l'annonce de son seing manuel tracé
à la suite de la souscription.

La copie authentique de l'acte contient également, à la
suite de la souscription du notaire, le nom de celui qui a
transcrit l'acte original, l'indication de l'autorité à laquelle il devait l'investiture, et l'annonce de son seing
manuel :

*Sig✝num mei Guillelmi Fontis, auctoritate regia notarius Per-
piniani, qui hoc presens translatum bene et fideliter sumi et
translatari feci et clausi.*

## § 4. — Observation sur la désignation topographique.

On remarquera que le document mentionne pour la
première fois le terme *villa*, qui a servi, à cette époque, à
désigner la circonscription territoriale de *Castell Rossello.*
Pour déterminer exactement le sens de ce mot, qui peut
être interprété de différentes façons, j'aurai recours à
M. Giry qui donne à cette expression sa véritable signification : « Ce terme, à l'époque mérovingienne, désigne
le plus souvent un *domaine rural;* puis, de siècle en siècle,
il s'appliqua à des localités plus ou moins considérables.
Dès le vIII[e] siècle il désigne assez souvent un groupe d'ha-
bitations, ordinairement pourvu d'une église, un village,
et cette acception devient générale au xe siècle. Deux siècles plus tard, c'est la ville, et on l'applique même com-
munément aux villes épiscopales, quoique celles-ci conti-
nuent à être plus spécialement nommées des cités[1]. »
C'est ce qui expliquerait l'importance assez manifeste
que devait avoir Castell Rossello, même au xive siècle,

---

1. A. Giry, *Manuel de diplomatique,* liv. III, chap. iv.

importance confirmée par tous les documents que j'ai pu retrouver sur ce village, avec son église[1], ses chapelles voisines, et avec tout ce territoire qu'avaient possédé les seigneurs.

---

1. H. Aragon, *Castell Rossello au Moyen âge : L'église Notre-Dame de Castel-Roussillon et la chapelle Sainte-Thècle,* in-8°, imp. Barrière, Perpignan, 1917.

# COPIE AUTHENTIQUE DU 15 OCTOBRE 1564

## DE L'ACTE DE VENTE DU 5 MARS 1357

### Faite par André DE FENOUILLET

#### DES TENURES DU TERROIR DE CASTEL-ROUSSILLON

**Vente faite par André de Fenouillet[1], vicomte de Canet, à Pierre Vila, *physic* ou *médecin* de Perpignan, héritier de feu Pierre de Fenouillet, son père, d'un certain nombre de tenures sises au terroir de Castel-Roussillon, et sur lesquelles le dit Pierre Vila « ou ses prédécesseurs » percevaient déjà l'usufruit des redevances.**

Perpignan, 5 mars 1357.

(Vidimus du 13 octobre 1364, lui même vidimé plus tard,
à une date non précisée)[2].

Translat autenticat de mossen Andreu de Fonollet, vescompta de Canet, com consent alguna venda de algunes pocessions, de censes e senyories sites al terme de Castell Roçello e de Canet a mestre Pere Vila, physic de Perpinya, e als seus, fetes per son pare, vescompta, al dit mestre Vila, melge.

Senyorias venudas per lo bescompte de Canet, las quals son a Castell Rossello.

Hoc est translatum fideliter sumptum a quodam publico instrumento cujus tenor talis est :

Noverint universi quod nos Andreas de Fonolleto[3], Dei gratia viceecomes de Caneto, per nos et nostros heredes et

---

1. Cette charte est écrite sur un parchemin de 0ᵐ69 de longueur sur 0ᵐ64 de largeur. Le texte suivi du *signum manuale* du notaire, Antoine Galotxer, en occupe tout le recto ; il est écrit dans le sens de la longueur en caractères fort irréguliers du XIVᵉ siècle. Une partie du document, au sommet à gauche, est presque illisible : il a pu cependant être entièrement déchiffré par le très érudit M. Marcel Robin, archiviste départemental des Pyrénées-Orientales, que l'on peut considérer comme un lecteur impeccable des chartes du Moyen âge, et que je remercie bien sincèrement de cette précieuse et bienveillante collaboration.

2. Au dos également, diverses cotes qui donnent une idée de l'importance des pièces qui composaient le chartrier de Castell Rossello, et prouvent qu'elles furent l'objet de plusieurs classements successifs : Castell Rossello, 108 ; Castell Roçello. nº 32 ; ventes, 222 g.

3. Le vicomte d'Ille et de Canet, André de Fonollet était entouré du donzell Bertrand de Saint Marsal, qui figurait en 1352 au mariage de Pierre de Santa Eularia et de Sclarmunda de saint Augustin, en compagnie de Georges de Tatzo et de Raymond d'Ardena qui formaient sa petite cour. Alart, *Not. hist.*, p. 8.

successores quoscumque, ex certa scientia vendimus et tradimus sive quasi tradimus, et titulo pure et perfecte venditionis vendimus, transferimus et transportamus vobis Petro
Ville, phizico Perpiniani, et vestris, et quibus volueritis,
perpetuo, totum jus et quicquid jure directi dominii, laudimii et foriscapii, empare et prelature sive juris retinendi,
ac etiam jus commissi quod habemus et habere possumus
et debemus, ac nobis competit et competere potest et debet,
tanquam heres universalis nobilis domini Petri de Fonolleto,
Dei gratia vicecomitis de Insula et de Canelo, genitoris nostri quondam, seu alio jure quocumque, in omnibus et singulis terris et possessionibus vincatis et non vincatis infrascriptis, et earum censibus, in et super quibus vos recipitis
vel recipere debetis seu consuevistis, et predecessores vestri
recipiunt et recipere consueverunt vel debuerunt census
infrascriptos.

Que quidem terre et possessiones sunt hec que sequntur.

Voici quelles sont les parcelles vendues, d'après l'acte
*vidimé*[1], ou « l'expédition authentique du document sous
les garanties d'une autorité constituée. »

§ 1. Vente d'une vigne, appartenant à RAYMOND ARNALD, négociant, fils
de Pierre Arnald, peaussier de Perpignan, sise au terroir de Notre-
Dame de Castel-Roussillon, laquelle vigne, sise au lieu dit *los Volons*,
avait appartenu jadis à Raymond Ermengald, pareur de Perpignan.
Cette terre confronte : les tenures de Pierre Roses, jardinier ; d'Antoine Guasany, pareur, et de Guilhem Carrerie, roulier, et *un sentier
qui mène à Cabestany ;* elle est assujettie à un cens annuel de *cinq sous.*

Primo quedam vinea quam nunc possidet Raymundus
Arnaldi, mercator, filius Petri Arnaldi, pelliperii Perpiniani,
quondam, situata in terminis de Castro Rossilione, et fuit
Raymundi Ermengaldi, paratoris Perpiniani, et est loco
vocato *los Volons*, et affrontat in tenentia Petri Roses, orto-

---

1. Cet acte est la reproduction intégrale (*de verbo ad verbum*) d'un
acte antérieur avec la reproduction des souscriptions et des signes qui
accompagnent ce document.

lani, et in tenentia Antonii Guasany, paratoris, et in tenentia Berengarii Beatricis, paratoris, et in tenentia Guillelmi
Carrerie, traginerii, et in quodam cenderio quo itur ad
Capiteslagnum; in et super qua quidem vinea recipitis et
recipere debetis quinque solidos censuales quolibet anno.

§ 2. Vente d'une vigne, sise au territoire de Castel-Roussillon, au lieu
dit *Almissara* d'une contenance d'une ayminate; ancien bien de Guilhem Piquer, aujourd'hui possédé par Claire Blanch, femme de Perpignan Blanch, cultivateur, et fille de Guilhem Piquer. Ce terrain
confronte : les tenures de Bernard Régis, notaire; une ancienne
parcelle d'*En Segura*, et des deux côtés les routes publiques; il est
assujetti à une redevance de *quatre sous*.

Item, alia vinea in dictis terminis, loco vocato *Almissara*,
que fuit Guillelmi Jauberti, Piquerii, quam nunc possidet
Clara, filia dicti Guillelmi Jauberti, uxor Perpiniani Blanch,
aratoris, et affrontat in tenentia Bernardi Regis, notarii, et
in tenentia que fuit d'En Segura, et ex duabus partibus in
viis publicis. Que quidem vinea est unius ayminate, et facit
vobis de censu quatuor solidos.

§ 3. Vente d'un terrain défoncé (*rupta*), au lieu dit *rota del bosch*; ce
bien, appartenant autrefois à Jacques Piguallo, confronte les tenures
dudit Piquer, de Bernard de Rivesaltes, notaire, et, des deux côtes est
limité par *le chemin de Claira*; ce terrain est assujetti à un cens de
*quinze sous* perçu par le vicomte de Fenouillet.

Item quedam rupta quam nunc possidet Jacobus Pigual-
loni, in dictis terminis, loco vocato *rota del bosch*; facit
vobis quindecim solidos censuales, et affrontat in tenentia
dicti Piquerii, et in tenentia Bernardi de Rippisallis, notarii,
et in duabus partibus in via de Clayrano.

§ 4. Vente d'un champ, sis au même territoire, ayant appartenu jadis à
Bernard Castilio, négociant; ce terrain, qui est aujourd'hui la propriété de Pierre Salvet, pareur, confronte les routes publiques et les
terrains de Pierre Puig, jardinier, et du damoiseau, Raymond de
Castellet. Le vicomte de Fenouillet perçoit chaque année *deux sous*
de cens.

Item quidam campus in dictis terminis, qui fuit Bernardi
Castilionis, mercatoris, et illum modo possidet Petrus Sal-

veti, parator; et facit vobis de censu duos solidos; affrontat
in duabus partibus in viis publicis, et in tenentia Petri Puig,
ortolani, et in tenentia Raymundi de Castellet.

§ 5. Vente d'une pièce de terre, sise à Castel-Roussillon, au lieu dit *Rota
del Bosch*. Ce terrain, qui appartenait autrefois à Raymond Isern,
est devenu la propriété de Bonet Isern, son neveu; il confronte les
tenures de Bernard Raymes, de Jacques Godall et de l'héritier de feu
Pierre Gil, et il est assujetti à un cens annuel de *quinze sous*.

Item quedam pecia terre, situata in dictis terminis, que
fuit Raymundi Iserni, et modo eam tenet Bonetus Iserni,
ejus nepos, loco vocato *Rota del Bosch;* super qua recipere
debetis quindecim solidos censuales; et affrontat in tenentiis
Bernardi Raymes, et in tenentia Jacobi Godalli, et in tenentia heredis Petri Egidii, quondam.

§ 6. Vente d'un terrain sis à Castel-Roussillon, au lieu dit *Orts de l'Arena*
(jardins sablonneux), ayant appartenu jadis à Raymond Isern, et
acheté aujourd'hui par En Domenech, de *Cabestany*, marié à la petite-
fille dudit Raymond Isern. Cette parcelle confronte le *chemin public*, et
les terrains de Bernard Hom de Deu (jadis à Pierre Vital), celles de
Pierre Cases, roulier; de Jean Béliart, et de Bérenger Béatrix, jadis
à Pierre Rossello : elle est assujettie à un cens annuel de *neuf
deniers*.

Item quedam alia pecia terre in dictis terminis, loco vocato
*Orts de l'Arena* que fuit dicti Raymundi Iserni, et modo eam
tenet En Domenech, de Cabestany, maritus neptis dicti Raymundi Iserni; et facit vobis de censu novem denarios quolibet anno; et affrontat in via publica, et in tenentia Bernardi Hominis-Dei que fuit Petri Vitalis, et in tenentia Petri
Cases, traginerii, et in tenentia Johannis Beliart, et in tenentia Berengarii Biatriu, que fuit dicti P. Rossello.

§ 7. Vente d'une pièce de terre, ayant appartenu jadis à Raymond Isern,
aujourd'hui possédée par la *fille (pubilla)*, l'aînée, d'En Domenech.
Cette parcelle, sise à Castel-Roussillon, est attenante aux fonds de
l'héritier de Pierre de Claira, ancien juriconsulte de Perpignan, et

de Bérenger Béatrix, anciennement propriété de Pierre Rossilio: ce terrain est borné par la rivière de la Tet et paie une redevance de *deux sous* annuels.

Item quedam alia pecia terre, quam nunc possidet filia pubilla d'En Domenech, in terminis predictis, loco vocato *Areyn*, et fuit Raymundi Iserni; et facit vobis de censu duos solidos quolibet anno; et affrontat in tenentia heredis Petri de Clayrano[1], jurisperiti Perpiniani quondam, et in tenentia Berengarii Beatriu, que fuit Petri Rossilionis[2] et in flumine Tethi.

§ 8. Vente d'une pièce de terre sise au même terroir, au lieu dit *Porta Major*[3], ayant appartenu jadis à RAYMOND ISERN, et aujourd'hui appartenant à Jacques Piquer. Cette parcelle confronte les tenures dudit Jacques Piquer, d'*En Grava*, héritier de la fille d'En Mareza, et la tenure de Bernard Raymond, jardinier; elle est assujettie à un cens annuel d'*un sou*.

. Item, alia pecia terre, que est in loco vocato *Porta Major*, in terminis predictis, que fuit dicti Raymundi Iserni, quam nunc possidet Jacobus Piquerii, et facit vobis pro censu unum solidum quolibet anno; et affrontat in tenentia dicti Jacobi Piquerii, et in tenentia d'En Grava, heredis filie d'En Mareza, et in tenentia Bernardi Raymundi, ortolani.

§ 9. Vente d'une autre parcelle sise au terroir de Castel-Roussillon, appartenant à RAYMOND ARNALD, peaussier de Perpignan, et limitée par les tenures de Raymond Arnald (jadis à *En Capeller*) et dudit Raymond (jadis à *En Darder*); elle est bornée par le *chemin* et la BASSE. Le vicomte perçoit chaque année un cens de *trois sous* pour ce terrain.

Item, alia pecia terre situata in dictis terminis, quam nunc tenet Raymundus Arnaldi, pelliperius Perpiniani, que

---

1. Nom de personne rappelant une localité du Roussillon (Claira).
2. Nom de personne désignant le pays, le comté de Roussillon.
3. Le lieu dit *Porta Major* est mentionné dans plusieurs documents: *Capbreu* de 1359 et de 1451; H. Aragon, *Castell Rossello au Moyen âge*, édition Privat, et dans l'étude sur Castell Rossello, H. Aragon, *Les Origines de Castell Rossello*, édition Barrière, 1916, p. 52, § 8.

facit vobis tres solidos pro dicta terra, que affrontat in tenentia dicti Raymundi Arnaldi, que *fo* d'En Capeller, et in
tenentia dicti Raymundi que fuit d'En Darder, et in via, et
in Vassa[1].

§ 10. Vente d'un terrain appartenant aujourd'hui à RAYMOND LAURADOR[2],
drapier, et jadis ayant appartenu à Jean Mul, taillleur. Cette parcelle sise au terroir de Castel-Roussillon, au lieu dit *Illes*, confronte la tenure des *Frères des Carmes*[3], qui appartenait jadis au seigneur de Castel-Roussillon, et celle de March Laurador, drapier; elle
est limitée par le *ruisseau des Moulins* dudit lieu et la rivière de la
Tet; le cens annel, perçu par le vicomte de Fenouillet, s'élève à *un
sou et six deniers*.

Item, alia pecia terre que fuit Johannis Mul, sartoris, et
nunc eam possidet Raymundus Lauradorii, draperius, in terminis predictis, loco vocato *Illes*; et facit vobis unum solidum et sex denarios de censu quolibet anno. Que pecia terre
affrontat in tenentia fratrum de Carmelo, que fuit domini
de Castro Rossilione, et *in*[1] recho molendinorum dicti loci,
et cum flumine Tethis, et in tenentia Marchi, lauradorii,
draperii.

---

1. C'est la première fois qu'un document (concernant Castell Rossello) mentionne l'*assa* (la Basse), canal qui traverse aujourd'hui Perpignan. Le ruisseau d'arrosage qui passe aujourd'hui à Castel-Roussillon
est dérivé du lit de la Basse. C'est actuellement le ruisseau *des jardiniers*; c'était probablement, au XVe siècle, le *rechus molendinorum* ou
*rechus ortorum*. Ce canal devait donc, à cette époque, irriguer les jardins.

2. Nom de personne rappelant un métier (lauradorius), laboureur.

3. Ce lieu dit se retrouvera dans les différents actes de 1451-56; il
existe encore en 1916. sous le nom de *Mas des Carmes*, dont une partie
est complantée de vignes; d'autres parcelles en jardins (salanque) que
j'ai affermés.

4. Je reproduis à cette place les sept lignes entre guillemets qui, sur
le parchemin, sont inscrites à la fin, et qui avaient été omises à la
seizième ligne du parchemin : (le bois) « dudit Raymond Laurador : ces
deux parcelles de terrain qui étaient jadis à Jean Cerda et que possède
aujourd'hui Pierre Cerda, son fils, sont assujetties à un cens annuel de
*huit deniers*; elles sont bornées par une tenure qui était le *jardin* du
seigneur de Castel-Roussillon, et » par le ruisseau des moulins... etc.

§ 11. Vente d'une pièce de terre sise à Castel-Roussillon, au lieu dit
*Rola del Bosch,* anciennement à PIERRE AVELLAN, aujourd'hui à Pierre
Vile, suivant la cession de ce bien que lui fit Bonet Aybri, fille et
héritière de feu Pierre Aybri, négociant à Perpignan, qui payait
*trente sous* de cens. Ce terrain confronte les tenures de Jacques Colomb, pareur; de Raymond Laurador et de Bernard de Rivesaltes,
notaire.

Item, quedam alia pecia terre, situata in dictis terminis,
loco vocato *Rola del bosch*, que fuit Petri Avellani, et nunc
eam possidetis vos, dictus Petrus Vile, ex remissione facta
vobis per Bonetam, filiam et heredem Petri Aybrini, mercatoris Perpiniani, quondam, que faciebat vobis triginta solidos
censuales ; et affrontat in tenentia Jacobi Columbi, paratoris, et in tenentia dicti Raymundi Lauradorii, et in tenencia
Bernardi de Rippisaltis, notarii.

Nous retrouvons dans le *mémoire* des droits et censives
perçus par le Roi dans les comtés de Roussillon et de
Cerdagne, et qui constituent le domaine royal, la mention des terres qui avaient appartenu, en 1395, à *En
Ramond Laurador*. Il est intéressant de reproduire ici ce
mémoire[1].

Vinyes e oliveda qui foren d'En Ramon Laurador. De les
dites vinyes, oliveda, e camp, — de que's solien haver
1ᵉ llr. v. s, de cens, con fossen dats [a] acapte per lo dit
cens, — recb vuy lo s. rey la dita 1ᵉ llr. v. s. cascun any
per raho del dit cens. Es ver que fou donat en temps passat
sots lo dit cens per la senyora Reyna dona Alienor, mare
del senyor Rey ara regnant, à' N Johan del Moli, pastador
de casa sua, e, apres mort del dit Johan, es estat donat per

---

1. Cette terre avait été affermée par la Reine Aliénor, mère du Roi
régnant, pour 1 livre et cinq sous, à En Jean du Moulin, boulanger, puis
après le décès de celui-ci, à En P. Ermany, notaire. Ce bien dont la
valeur était évaluée à 100 livres, aurait pu s'affermer, dit l'acte, au
moins pour *vingt-cinq livres*. (Copie extraite de la *Géographie physique*
d'Alart.)

lo dit senyor ara regnant à N' P. Ermany notari, genre del
dit Johan del Moli. E. val la proprietat de les dites vinyes,
oliveda e camp, e llr, e, si del dit senyor era, arrendar-s'ien
cascun any, poch mes o menys de xxv llr.

§ 12. Vente d'un champ sis à Castel-Roussillon, au lieu dit PORTA-MAJOR,
appartenant aujourd'hui à la femme DE PAGUERA, cordonnier (fille
de Jean Cerda); ce terrain est limité par les fonds de Jacques Piquer,
de Guilhem Amarell, de Jean Vital et les voies publiques ; il est assujetti à une redevance de *huit sous* et *trois deniers*.

Item, quidam campus situatus in dictis terminis loco
vocato *Porta major*, quem nunc tenet en Paguera, sabate-
rius, pro ejus uxore, que fuit filia Johannis Cerdani, et facit
vobis de censu octo solidos et tres denarios ; et affrontat
dictus campus in tenentia Jacobi Piquerii, et in tenentia
Guillelmi Amarelli, et in tenentia Johannis Vitalis, et in viis
publicis.

§ 13. Vente d'une terre ayant appartenu à RAYMOND COLL, prêtre, et au-·
jourd'hui à Jacques Piquer, confrontant les grandes routes publiques
et la tenure de la femme Arnald Pagan, fille de Jean Cerda : la redevance annuelle est de *vingt et un deniers*.

Item, alia pecia terre quam possidet in dictis terminis
Jacobus Piquerii, et facit vobis de censu viginti unum denarios, et fuit Raymundi Colli, presbiteri, et affrontat in
tenentia uxoris Arnaldi Pagani, filie Johannis Cerdani, paratoris, et in viis publicis.

§ 14. Vente d'un terrain sis à Castel-Roussillon, au lieu dit *Rota*, jadis à
la veuve GENTIL BORRA, aujourd'hui à la veuve de Bernard Sabater, ancien cultivateur, assujetti à un cens de *dix sous* barcelonais. Cette
parcelle est limitée par le chemin public et les deux fonds de Bernard Raymes, jardinier de Perpignan.

Item, alia pecia terre, situata in dictis terminis, loco
vocato *Rota*, que fuit Gentilis, uxoris quondam d'En Borra,
quam modo possidet uxor Bernardi Sabaterii, quondam, aratoris ; que facit vobis de censu decem solidos barchinonen-

sium de terno : que pecia terre affrontat in via publica, et
in duabus tenentiis Bernardi Raymes, ortolani Perpiniani.

Qui quidem census predicti sunt vobis perpetui et per-
petuati.

### Suite des biens vendus à Pierre Vile. Clauses de la vente.

Preterea vendimus et titulo perfecte venditionis concedimus, transferimus et transportamus vobis dicto Petro Vile,
et vestris, et quibus volueritis, perpetuo, omnia jura et
omnes actiones que et quas habemus et habere possumus et
debemus, et nobis competunt et competere possunt et debent
in censibus infrascriptis et, pro eis et eorum occasione et
pretextu, in possessionibus in et super quibus census infrascripti recipiuntur vel recipi debent, inferius confrontatis.
Et in dictis censibus qui redimi debent et possunt et contra
tenentes et possidentes dictas possessiones, ratione directi
dominii, laudimii et foriscapii, ac prelature seu juris reten-
tionis, et comissi, nobis competentium, quandocumque et
quotienscumque dicte pecie terre inferius confrontate vendantur vel inpignorentur in totum vel in parte, et in recep-
tione censuum infrascriptorum quandocumque redimantur
seu vendantur, vel alio quocumque modo, titulo, causa, jure
seu ratione.

Predicte autem terre et possessiones in et super quibus
recipiuntur seu recipi debent census infrascripti qui redimi
possunt, sunt hec que sequuntur.

§ 15. Vente[1] audit PIERRE VILE (avec tous les droits dus sur ces biens,
droits qui peuvent et doivent être perçus en cas de vente ou d'aliénation des parcelles mentionnées ci-dessous), d'un pré appartenant

---

1. L'acte stipule que ladite vente faite audit PIERRE VILE, a lieu délibérément, de plein gré, et avec toute la plénitude de l'esprit, sans que
les vendeurs aient été entraînés par la crainte, intéressés ou forcés, et
cela malgré leur *minorité de vingt-cinq ans*, bien qu'ils aient accompli
leur *majorité de vingt* ans.

à Bernard DE RIVESALTES. sis à Castel-Roussillon, et assujetti à un cens de *dix sous :* Ce terrain ou ce pré avait appartenu jadis à Pierre Aybrin, négociant ; il est limité par les deux *routes de Claira* et de *Villalongue,* et les tenures de Jacques Piquer et de Jacques Nègre, notaire.

Primo videlicet quedam possessio pratosa sive pratum, quam possidet Bernardus de Rippisaltis in dictis terminis, que facit vobis dicto Petro Vile decem solidos censuales ; et fuit dicta pecia terre sive pratum Petri Aybrini, mercatoris, quondam ; et affrontat in tenentiis dicti Petri Vile, et in duabus viis, scilicet de Clayrano et de Villalonga, et in tenentia Jacobi Piquerii, et in tenentia Jacobi Negre, notarii.

§ 16. Vente d'une pièce de terre, sise à Castel-Roussillon, appartenant à BERNARD RAYMES, et assujettie à un cens annuel de *vingt-trois sous* barcelonais. Ce terrain confronte les tenures de dame Sabater, veuve de Bernard Sabater ; de Guilhem Béliart, roulier, jadis à Guilhem Amat ; de Raymond Hualguer et de Monet Isern, de *Cabestany.*

Item, quedam pecia terre quam tenet Bernardus Raymes, in dictis terminis, que facit vobis viginti tres solidos barchinonensium censuales pro dicta pecia terre, confrontata cum tenentia de N'a Sabatera, uxore quondam Bernardi Sabaterii, et in tenentia Guillelmi Beliart, traginerii, que fuit Guillelmi Amati, et in tenentia Raymundi Hualguerii, et in tenentia Moneti Iserni, de Capitestagno.

§ 17. Vente d'une *maison* en ruines, sise dans la *ville* [1] de *Castel-Roussillon,* appartenant à BERNARD RAYMES, et confrontant de tous côtés les chemins publics, la tenure de Bérnard Raymes et la côte dudit Castel : cet immeuble est assujetti à une redevance de *douze deniers* annuels.

Item, quedam domus diruta quam tenet dictus Bernardus Raymes intus villam de Castro Rossilione, confrontatam in omnibus partibus cum viis publicis, et in asensu Castri et

---

1. Les documents désignaient toujours Castel-Roussillon par le mot *castrum.* Nous trouvons pour la première fois, le mot *ville,* qui signifiait à l'époque mérovingienne un *domaine rural,* et plus tard, un *village.*

in tenentia dicti Bernardi Raymes, in et super qua quidem
domo recipitis et recipere debetis duodecim denarios festo
natalis Domini quolibet anno.

§ 18. Vente d'une vigne, sise à Castel-Roussillon, ayant appartenu jadis
à BERNARD RAYMES, et aujourd'hui aux héritiers de feu Guilhem
Porte, ancien scribe : cette parcelle est assujettie à un cens annuel de
*neuf sous* et confronte la tenure de Bernard Raffart de Perpignan,
d'En Isern, apprêteur de cuirs, et les deux chemins *de Canet* et *du
Moulin* à foulon (molendini draperii).

Item, quedam vinea quam tenent heredes Guillelmi Porta,
scriptoris quondam, que fuit dicti Bernardi Raymes, et est
situata in dictis terminis, et in ea recipitis novem solidos
censuales ; que vinea confrontatur in tenentia Bernardi Raffart de Perpiniano, et in tenentia d'En Isern, saonador, et in
duabus viis de Caneto et molendini draperii.

§ 19. Vente d'un terrain appartenant à BERNARD BOFFAT, pareur de
Perpignan, anciennement à Pierre Vernet, et assujetti à un cens de
*six deniers* : cette parcelle confronte le bien fonds de *l'hôpital de
Bajole*[1], et les tenures de Raymond Laurador, drapier (jadis à dame
Savez), de Jacques Forgues, tailleur, et est attenante à *la Basse*[2].

Item quedam pecia terre quam possidet in dictis terminis
Bernardus Boffati, parator Perpiniani, que fuit Petri Verneti ;
et pro ea facit vobis sex denarios censuales, et affrontat in
tenentia sua (*sic*) termini hospitalis de Bajolis, et in tenentia Raymundi Lauradorii, draperii, que fuit de Na Saveza, et
in tenentia Jacobi Forgues, sartoris, et in Vassa.

§ 20. Vente d'une pièce de terre, sise au terroir de Castel-Roussillon,
appartenant à RAYMOND HUALGUER, et qui était assujettie à *seize sous
et neuf deniers* de cens ; cette terre, qui avait appartenu à ESTAGEL[3]
Sapte, cordonnier, est actuellement assujettie à un cens de *douze*

---

1. Bajoles : commanderie de l'ordre de l'Hôpital, commune de Cabestany (Pyrénées-Orientales).
2. *La Basse* (qui traverse aujourd'hui Perpignan) est mentionnée pour
la deuxième fois.
3. Nom de personne (prénom) rappelant un nom de localité, Estagel.

*deniers :* elle est bornée des deux côtés par les tenures de Guilhem Béliart (autrefois à dame Amade[1]) et celle de Jacques Barcelo, brassier.

Item, quedam pecia terre, situata in terminis dicti loci de Castro Rossilione, quam tenet Raymundus Hualguerii, et faciebat vobis pro ea sexdecim solidos et novem denarios, et fuit d'En Stagell Sapte, sabaterii, et facit modo duodecim denarios censuales; que affrontat in duabus partibus in tenentia Guillelmi Beliart, que fuit de N'Amada, et in tenentia Bernardi Raymes, et in tenentia Jacobi Barceloni, bracerii.

§ 21. Vente d'une vigne sise au même terroir, jadis à En Ballester, aujourd'hui à Bérenger Remigos, menuisier, et assujettie à un cens de *quatre sous;* elle confronte : les tenures de Pierre Genser, de Pierre Bonet, brassier (autrefois à la veuve de Jean Guasch), de Bernard Massade, brassier, et est limitée par un sentier.

Item, quedam vinea situata in terminis predictis, que fuit d'En Ballester, quam modo possidet Berengarius Remigos, fusterius, et facit vobis quatuor solidos censuales, et affrontat in tenentia Petri Genser, et in tenentia Petri Boneti, bracerii, que fuit uxoris Johannis Guasch quondam, et in tenentia Bernardi Massada, bracerii, et in quodam cenderio.

§ 22. Vente d'un terrain sis au même terroir, au lieu dit Rota de la Colomina, jadis à Bérenger Rocha, aujourd'hui à Bernard Ribesaltes, notaire; il est assujetti à une redevance de *trente sous;* il confronte les tenures de Bernard Ribesaltes, de Jacques Nègre, notaire (jadis à *En Pro[v]ensal),* et est limité par un sentier et *la route de Torreilles.*

Item, quedam pecia terre, situata in dictis terminis loco vocato *rota de le Colomina,* et eam possidet nunc Bernardus Ribesaltes, notarius, et fuit Berengarii Rocha, et facit vobis triginta solidos censuales; et affrontat in tenentia dicti Bernardi, et in tenentia Jacobi Nigri, notarii, que fuit d'En Pro[v]ensal, et in via de Turrillis, et in cenderio.

---

1. N'Amada, par aphérèse, dame (Na) Amade.

§ 23. Vente d'une pièce de terre, sise au territoire de Castel-Roussillon, ayant appartenu jadis à JEAN AMAT, de Castel-Roussillon, et assujettie à un cens de *dix-huit deniers* barcelonais ; ce terrain, appartenant aujourd'hui à la femme de Guilhem Aganet, confronte les tenures de Pierre Cerda et de Bernard Beauvoisin. (Belvèze.)

Item, quedam pecia terre, situata in dictis terminiis, que fuit Johannis Amati de Castro Rossilione, et facit vobis de censu decem octo dènarios barchinonenses ; et cam nunc possidet uxor Guillemi Aganeti, ortolani ; affrontat in tenentia Petri Cerdani, et in tenentia Bernardi de Pulcro-Vicino.

§ 24, Vente d'une terre sise audit terroir qui est de *mansata vel borda* [1] de PIERRE AVELLAN et assujettie à un cens d'*un quarton* et de *deux punyeries d'orge* [2] évaluées à la somme de *trois sous et neuf deniers* barcelonais ; ce terrain confronte le *chemin public du ruisseau* et les tenures de Guilhem Beliart (jadis à Jean Amat), celles de l'acheteur Pierre Ville et celle de Raymond March.

Item, quedam pecia terre, situata in dictis terminis, que est de mansata vel borda Petri Avellani, super qua pecia terre facit vobis de censu unum quartonum et duas punycrias ordei extimatas in pecunia valere tres solidos et novem denarios barchinonenses censuales ; que pecia terre affrontat in via publica rechi, et in tenentia Guillelmi Beliart, que fuit Johannis Amati, et in tenentia tui, dicti Petri Vile et in tenentia Raymundi March.

---

1. Le possesseur ne pouvait pas démembrer la tenure et diviser entre plusieurs acquéreurs le bien qui avait été l'objet d'une concession. L'application de cette règle, dit Brutails, aux *manses* et aux *bordes* avait une importance extrême : manse ou borde formaient une unité territoriale inséparablement unie et dont la maison était le chef-lieu. On disait des fonds qui en dépendaient qu'ils étaient *de mansata vel borda*. Dans les propriétés des gens de Perpignan, la règle autorisant les sous-inféodations cessait d'être admise quand il s'agissait de terres *de mansata vel borda*. En 1296, les consuls de Perpignan décidèrent qu'il était licite d'imposer un nouveau cens sur les terres tenues par les Perpignanais, à moins qu'elles ne soient de *mansata vel borda*. Arch. municip. de Perpignan, t. I, folio 29.

2. L'aymine valait 8 *mesures*, 4 *carlons*, 32 *punyères*.

§ 25. Vente d'une pièce de terre, sise au terroir de Castel-Roussillon, confrontant la tenure de JACQUES PIQUER, jadis à *dame Gombaude*[1], un sentier et le ruisseau *de les Moles* : ce terrain est assujetti à un cens d'*une poule*, évalué à *douze deniers*[2]. Cette redevance annuelle est payée par dame Avallan.

Item quedam pecia terre, situata in dictis terminis, pro qua fecit Na Avallana, unam gallinam censualem extimatam valere duodecim denarios; que affrontat cum tenentia Jacobi Piquerii, que fuit de Na Gombauda, et in quodam cenderio, et in corrego *de les Moles*.

Que quidem omnia supradicta vendimus, transferimus, concedimus et transportamus vobis dicto Petro Vile, et vestris, et quibus volueritis, perpetuo. Totum, integriter ac generaliter, prout melius et plenius dici, scribi, intelligi, ac interpretari seu dictari poterit, ad utilitatem et sanum ac sincerum intellectum vestri et vestrorum semper.

Et ratione presentis venditionis cedimus et mandamus vobis, et vestris, et quibus volueritis, perpetuo, omnia jura et omnes actiones reales et personales sives mixtas, utiles et directas, pretorias et civiles, et alias quascumque, que et quas habemus et habere possumus et debemus, et nobis competunt et competere possunt et debent in omnibus predictis et singulis per nos vobis venditis modo aliquo vel ratione. Et ibi et inde ponimus vos in rem vestram verum dominum et procuratorem contra omnes personas.

Mandantes, tenore et vigore presentis instrumenti vicem

---

1. Nous retrouvons dans le *Capbreu* de 1451 un terrain de Na Gombauda.

2. Dans le *Capbreu* de 1451-56, nous trouvons quatre reconnaissances dans lesquelles le seigneur de Perapertusa ou d'Ortaffa, seigneur de Castel-Roussillon, perçoit une redevance d'une poule de basse-cour, *unam guallinam bene receptibilem*, ou d'une oie; mais aucun acte n'avait mentionné le prix de ce volatile. Le *vidimus* de 1364 comble cette lacune. Voir *Castell Rossello au Moyen âge*, éd. Privat. Toulouse, 1916, acte XVIII, actes CXLVII, XLIII et CXVII.

epistole continentis, omnibus et singulis personis superius nominatis, tenentibus et possidentibus dictas possessiones, et qui illas in futurum tenebunt et possidebunt, quatinus dictas possessiones a vobis a modo teneant jure directi dominii, sicut a nobis tenebant ante presentem venditionem; et vobis et vestris ac cui volueritis respondeant de dicto jure directi dominii predicti, et de foriscapiis tam debitis et debendis, seu que debebuntur in futurum, prout nobis respondere tenebant et debebant ante venditionem presentem. Nos enim vos in predictis omnibus et singulis per nos vobis venditis et translatis ponimus in locum nostrum sine aliqua retentione; et nos inde exuimus et denudamus, et vos inde investimus pleno jure, et in plenam juris et facti possessionem vos inducimus, quatinus nobis possibile est et dictum directum dominium nos tangit.

Predictam siquidem venditionem, cessionem et translationem facimus vobis precio quinquaginta librarum barchinonensium de terno, de quibus per paccatos nos tenemus, renuntiantes exceptioni peccunie non numerate, et legi que subvenit deceptis ultra dimidiam justi pretii; verum si predicta que vobis supra vendimus, damus, cedimus, transferimus et mandamus, plus valent nunc seu valebunt in futurum precio supradicto, illud totum plus valens, et quicquid nobis magis competit seu competere potest seu poterit, quandocumque sit vel fuerit aut esse apparuerit, sive simplum, sive duplum, sive triplum vel quadruplum aut multo plus, vobis et vestris damus, donamus, diffinimus et remittimus perpetuo, pure, libere, et donatione pura et libera que dicitur inter vivos, quam vobis et vestris facimus nunc ut tunc et e converso, propter multa et grata servitia per vos personaliter et de vestra scientia nobis et familiis nostris hactenus impensa, et facitis cotidie, incessanter, et in futurum facietis, Domino concedente.

Promittentes vobis quod nos et nostri faciemus vos, et vestros, et quos volueritis, predicta omnia et singula per nos superius vendita, donata, cessa, concessa, translata et mandata, bona habere et tenere ac etiam possidere paciffice et quiete ab omni persona et universitate, perpetuo. Et inde erimus vobis et vestris perpetuo legales actores et deffensores contra omnes personas super inde facientes vel moventes actionem, questionem, controversiam vel demandam. Et inde tenebimur vobis et vestris sine fraude, perpetuo, de omni evictione totali et particulari omnium et singulorum predictorum, et de omnibus etiam aliis de quibus venditor tenetur et teneri potest aut debet emptori.

Et si forte aliqua persona, cujuscumque dignitatis seu conditionis existat, contra vos vel vestros moveret vel faceret questionem aliquam vel demandam ratione eorum que vobis vendimus, donamus, cedimus, tranferimus et mandamus, promittimus vobis et vestris per nos et successores nostros, quod opponemus nos deffensioni vestri et vestrorum, et agemus et ducemus causam seu causas nostris propriis expensis a principio usque ad finem, et vos et vestros omnino indempnes servabimus, et bona vestra indempnia, aut vos vel vestri, si volueritis possitis ipsam causam seu causas agere et ducere per vos ipsos; super quibus vobis et vestris sit super hec electio reservata. Nos enim, in hoc casu, si agere eligeritis et volueritis, remittimus vobis et vestris ex pacto necessitatem denunciationis evictionis. Et si vos vel vestri eligeritis dictam causam seu causas ducere in propria persona vel per legitimum procuratorem, promittimus per nos et successores nostros omnes vobis et vestris quod nos et nostri successores restituemus et solvemus vobis et vestris omnes expensas tam circa rem quam circa litem quam ratione vel occasione utriusque factas, et quicquid aut quantum inde a vobis vel vestris evictum fuerit, simul cum toto dampno et interesse que inde feceritis vel sustinueritis quoquo modo, sive obtineatis sive subcumbatis in causam. Et super inde credatur vobis plano et simplici verbo vestro et vestrorum, nullo alio genere probationis exacto, onus vero probationis hujusmodi, cum sit deficile, vobis et vestris ex pacto remittimus.

Et pro predictis omnibus et singulis complendis et attendendis, obligamus vobis et vestris nos et omnes heredes et successores nostros et omnia bona et jura nostra presentia et futura; renunciantes, quantum ad hoc, ex certa scientia, omni juri, privilegio et rationi ac consuetudini contra hoc repugnantibus. Et expressim renuntiamus super dicta donatione legi dicenti donationem inter vivos factam causa ingratitudinis revocari posse.

Et ad majorem premissorum cautelam juramus in animam nostram per Deum et ejus sancta quatuor Evangelia manibus nostris corporaliter gratis tacta, predicta omnia et singula tenere, complere et observare inviolabiliter, et nunquam in aliquo contrafacere seu venire aliquo jure, privilegio, causa vel ratione. Concedentes vobis, dicto Petro Vile, licentiam et auctoritatem quod vos et vestri possitis apprehendere seu nanscisci corporalem possessionem omnium et singulorum prescriptorum per nos vobis supra venditorum, donatorum, cessorum, translatorum et mandatorum, apprehendere seu nanscisci vestra propria auctoritate quandocumque vobis placuerit, et nactam retinere ad omnes vestras et vestrorum voluntates omni tempore faciendas, pro francho, libero et quitio alodio vestri et vestrorum semper.

Interim vero et quousque dictam possessionem aprehenderitis seu nactus fueritis corporalem, constituimus nos predicta omnia et singula per nos vobis vendita, donata, cessa, translata et mandata et pro illis et quoad illa et eorum contemplatione, occasione et pretextu, dictas terras et possessiones vestro nomine possidere vel quasi.

Et quia nos sumus minores viginti quinque annis, majores [1], tamen viginti annis, juramus super sancta quatuor

---

1. Les règles pour la fixation de la majorité étaient assez mal définies. Les rédacteurs des *Usages* avaient suivi sur ce point les disposi-

Dei evangelia corporaliter gratis tacta, contra predicta et singula non venire ratione minoris etatis, nec restitutionem aliquam modo aliquo impetrare. Per quod juramentum asserimus quod, ad predicta facienda, non fuimus coacti, inducti vel seducti vi, metu, arte vel alia machinatione; sed predicta facimus deliberate et consulte et cum magno animi nostri proposito : nec fecimus vel diximus in preterito, nec dicemus vel faciemus in futuro propter quod prescripta omnia et singula minorem possint obtinere roboris firmitatem.

Per quod etiam juramentum renuntiamus expresse et per pactum juribus et legibus supradictis, et omni juri minoris etatis, et benefficio restitutionis in integrum.

Actum est hoc Perpiniani, quinta die marcii, anno a nativitate Domini millesimo trecentesimo quinquagesimo septimo, in presentia et testimonio fratris Bernardi de Castro Porro, Berengarii de Petrapertusa[1], domini de Ortaphano, Guillelmi Vayrierii, et Ferrarii Castilionis, ebdomedariorum ecclesie Sancti Johannis, et mei, Antonii Galotxerii, notarii infrascripti, qui hoc in notam recepi.

Sig. ✠ num mei, dicti Antonii Galotxerii, notarii publici Perpiniani, qui predicta per me recepta hic scribi, feci, signavi et clausi ; et suprascripsi in XLVI° linea *dominium*.

Ego Raymundus Pastoris, scriptor Perpiniani, hoc presens translatum a suo originali publico instrumento, bene

---

tions du *Forum judicum* : vingt ans pour les nobles, quinze ans pour les non-nobles. Toutefois, dit Brutails, la détermination de la majorité fut l'une de ces quelques questions pour la solution desquelles le droit romain triompha, du moins à Perpignan, des usages locaux : à douze et quatorze ans, la tutelle prenait fin et le tuteur était remplacé par un curateur; à vingt-cinq ans, on devenait *sui juris*. J. Brutails, *Condition des personnes*, p. 211.

1. « L'ancienne famille de *Perapertusa*, issue des vicomtes de Fonollet, formait encore, au xiv° siècle, diverses branches qui occupaient, entre autres seigneuries, celles de Rabouillet et de Montalba, au pays de Fonollet. » Alart, *Notes historiques*, I.

et fideliter, vice publici notarii infrascripti, sumpsi et translatavi verbo ad verbum, puncto ad punctum, nil addito atque remoto quod mutet sensum vel corrumpat intellectum, videntibus et legentibus tribus literatis testibus ad hec vocatis, scilicet Pontio Durandi, Petro Forrelli, et Jacobo de Sancto Martio, notariis (ou notario) Perpiniani, qui omnes tres, una mecum, presens translatum suo jamdicto originali publico instrumento viderunt et comprobarunt, et in omnibus bene concordare invenerunt, videlicet tricesima die octobris, anno a nativitate Domini millesimo trecentesimo sexagesimo quarto.

Et suprascripsi in tertia linea, ubi dicitur : *et non vinealis;* et in XLVI[a] linea, ubi dicitur : *et vestris;* et omisi scribere in sextadecima linea in tali sign✝o [1] : « nemore Raymundi « Lauradorii predicti. Item due pecie terre que fuerunt « Johannis Cerdani, et eas nunc possidet Petrus Cerdani, « ejus filius, in dictis terminis, et facit nobis de censu octo « denarios pro dictis peciis terre, que affrontant in tenentia « que fuit ortus domini de Castro Rossilione, et in... »

Sig✝num mei, Guillelmi Fontis, auctoritate regia notarius Perpiniani, qui hoc presens translatum bene et fideliter sumi et translatari feci et clausi.

Et nos, Bartolomeus Aulomarii [2], judex ordinarius curie bajuli Perpiniani, huic translato cum suo originali publico instrumento diligenter comprobato auctoritatem nostram judicialem interponimus pariter et decretum, et hoc sig✝num fecimus.

(Archives des Pyrénées-Orientales, série B, non classée.)

---

1. Ces lignes, omises par le scribe, sont traduites plus haut, à leur véritable place, p. 44, note 4.
2. Alomar.

# NOMS DES CONTRACTANTS, DES TÉMOINS

**Lieux dits contenus dans le *Vidimus*.**

1. Raymond Arnald, fils d'Arnald, peaussier; cens [1], *cinq sous*.
   Raymond Ermengald, pareur; lieu dit *Los Volons*.
   Pierre Roses, jardinier, voisin limitrophe.
   Antoine Guasany, pareur.
   Guilhem Carrerie, roulier (*traginerius*).
   Lieu dit : Sentier qui mène à Cabestany (*cenderio quo itur ad Capilestagnum*).

2. Claire Blanch, femme de *Perpignan* Blanch, agriculteur, fille de Guilhem Piquer; cens de *quatre sous*.
   Bernard Régis, notaire, voisin.
   En Segura.
   Lieu dit *Almissarra* (contenance, une ayminate).

3. Jacques Piguallo, terrain assujetti à un cens de *quinze sous*.
   Bernald de *Rivesalles*, notaire.
   Lieu dit : via de Clayrano (chemin de Claira).

4. Bernard Castilio, négociant; cens perçu par le seigneur, *deux sous*.
   Pierre Salvet, pareur, voisin limitrophe.
   Pierre Puig, jardinier.
   Raymond de Castellet, damoiseau.

5. Raymond Isern et Bonet Isern (son neveu); cens, *quinze sous*.
   Bernard Raymes, voisin limitrophe.
   Jacques Godall.
   Pierre Gilles (l'héritière de).
   Lieu dit *Rota del Bosch*.

6. Raymond Isern, cens annuel de *neuf deniers*.
   En Domenech, de Cabestany.
   Bernard Homdedeu, confronts.
   Pierre Vidal en était autrefois le possesseur.
   Pierre Cases, roulier.
   Jean Béliart.
   Bérenger Béatrix.
   Pierre Rossello.
   Lieu dit *Orts de l'Arena*, jardins (d'alluvion) sablonneux.

---

1. Cette redevance en nature ou en argent est perçue par le seigneur de Castel-Roussillon.

7. En Domenech (la fille d'), pubilla (fille aînée, l'héritière); cens, *deux sous*.
 Pierre *de Claira*, jurisconsulte.
 Bérenger Béatrix.
 Pierre Rossilio.

 Lieux dits *Areyn* et la rivière de la Tel (*flumen Telis*).

8. Raymond Isern et Jacques Piquer; cens, *un sou* annuel.
 En Grava, tenancier limitrophe.
 En Mareza (l'héritier de la fille d').
 Bernard Raymond, jardinier.

 Lieu dit *Porta Major*.

9. Raymond Arnald, peaussier; cens, *trois sous* annuel.
 En Capeller, ex-propriétaire du terrain.
 En Darder, id.

 Lieu dit *La Basse* (in Vassa) [1].

10. Jean Mul, tailleur; cens, *un sou* et *six deniers*.
 Raymond LAURADOR (laboureur), drapier.
 Les Frères des Carmes (cette tenure avait appartenu au seigneur de Castel-Roussillon).
 March Laurador, drapier.

 Lieux dits : terre dite *Illes*, le ruisseau des *Moulins*, la rivière de la *Tel*.

11. Pierre Avellan; cens, *trente sous* barcelonais.
 Pierre Ville, négociant à Perpignan.
 Pierre Aybrin, négociant, père de Bonete Aybrin.
 Jacques Colomb, pareur.
 Raymond Laurador.
 Bernard de RIVESALTES, notaire.

 Lieu dit *Rota del Bosch*.

12. En Paguera, cordonnier (la veuve), qui était la fille de Jean Cerda; cens, *cinq sous* et *trois deniers*.
 Jacques Piquer, voisin.
 Guillaume Amarell, id.
 Jean Vital.

 Lieux dits : lieu dit *Porta Major* et les voies publiques (*in viis publicis*).

---

1. C'est la première fois que les documents qui concernent Castell Rosselló mentionnent *la Basse* (cours d'eau qui traverse entièrement Perpignan et qui commit de graves inondations). Cette question est longuement étudiée dans une étude qui paraîtra sous peu : *Perpignan et la lutte contre les inondations de la Tel. Documents inédits des XVIIᵉ et XVIIIᵉ siècles.*

**13.** Jacques Piquer.
Raymond Coll, prêtre.
Arnald Pagan (sa femme, qui était la fille de Jean Cerda), pareur.

**14.** Gentile (veuve d'En Borra), cens de *dix sous barcelonais* de *tern.*
Bernard Sabater, cultivateur.
Bernard Raymes, jardinier de Perpignan.

Lieux dits *La Rola*, le chemin public.

**15.** Pierre Vile; cens, *dix sous.*
Bernard de Rivesaltes.
Pierre Aybrin.
Jacques Piquer et Jacques Nègre, notaire, voisin.

Lieux dits : les deux routes de Claira et de Villalongue (*in duabus viis de Clayrano et de Villalonga*).

**16.** Bernard Raymes; cens, *trois sous* barcelonais.
Na Sabater (veuve de Bernard Sabater), tenanciers voisins.
Gaillaume Beliart, roulier, id.
Guillaume Amat, id.
Raymond Hualguer, id.
Monet Isern, de Cabestany.

**17.** Bernard Raymes, *un immeuble situé dans la villa* de Castel-Roussillon, assujetti à *douze deniers* annuels.

Lieux dits : les chemins publics et la côte dudit *Château* (*intus villam*).

**18.** Guilhem Porte, scribe (les héritiers de); cens annuel, *neuf sous.*
Bernard Raffart, de Perpignan, tenancier limitrophe.
En Isern, apprêteur de cuirs (saonador).

Lieux dits : le chemin de Canet (*via de Canelo*) et le chemin du moulin à foulon (*molendini draperii*).

**19.** Bernard Boffat, pareur; cens, *six deniers.*
Pierre Vernet.
Raymond Laurador, drapier.
Na Saveza.
Jacques Forques, tailleur.

Lieux dits : l'*hôpital de Bajoles* et la *Basse* (cours d'eau).

**20.** Raymond Hualguer; le cens, qui était de *seize sous et neuf deniers,* est réduit à *douze deniers* annuels.
En STAGELL (*Estagel*) Sapte, fabricant de chaussures.
Guilhem Béliart.
Na Amade.
Jacques BARCELON, brasseur.

**21.** En Ballester, cens de *quatre sous.*
Bérenger Remigos, menuisier.

Pierre Genser, voisin.
Pierre Bonet, brasseur.
Jean Guasch (veuve de).
Bernard Massade, brasseur.

22. Bérenger Rocha; cens, *trente sous* annuels.
Bernard *Ribesalles*, notaire, et *En Provençal*.

Lieu dit *la Rota de la Colomina;* la route de *Torreilles.*

23. Jean Amat de Castel-Roussillon; cens, *dix-huit deniers* barcel.
Guilhem Aganet (femme de).
Pierre Cerda.
Bernard Beauvoisin (Bernardi de *Pulchro vicino*).

24. Pierre Avellan; cens, un quarton et deux punyères d'orge, d'une
valeur de *trois sous* et *neuf deniers* barcelonais.
Guilhem Béliart.
Jean Amat.
Pierre Ville.
Raymond March.

Lieux dits : le chemin public du ruisseau *(via publica rechi).*

25. Na Avellan, cens d'une poule de basse-cour *(unam gallinam censua-
lem,* évaluée à *douze deniers).*
Jacques Piquer, tenancier voisin.
Na Gombaude.

Lieux dits : un sentier et le ravin des *meules (in corrego de les
moles).*



Bernard de *Castel Porro*, Bérenger de *Peraperluse*, seigneur d'*Ortapha;* Guilhem Vayrier et Ferrer Castillo, prêtres, ebdomadiers
de l'église de Saint-Jean.
Antoine Galotxer, notaire public, rédacteur de l'acte.



Pons Durand, Pierre Forell et Jacques de Saint-Martin, notaires.

# DEUXIÈME PARTIE

## CAPBREU D'ANDRÉ DE FENOUILLET

### SEIGNEUR DE CASTEL-ROUSSILLON

Actes du 13 mars 1357 au 14 février 1359.

# REMARQUES SUR LE CAPBREU DE 1357

### Observations sur les noms de personne et les noms de lieu contenus dans ce document.

J'aurais dû transcrire ce document avant celui du *Capbreu* de 1451, pour suivre régulièrement l'ordre chronologique ; mais ce *Capbreu* a été tout récemment découvert[1] : ce document est dans un tel état de vétusté que les feuilles s'émiettent sous les doigts ; de plus, il n'est pas complet : quelques feuillets manquent, et certaines lignes sont entièrement effacées ; le voilà désormais sauvé de l'oubli.

Les premiers feuillets du *Capbreu* ont disparu, et bien que le Manuel, qui a survécu, commence au milieu d'un acte, pour la clarté des faits je reconstitue le commencement du document suivant la formule invariable du registre tout entier.

Le nom seul du contractant ne sera pas mentionné dans cette pièce.

Si l'on compare le *Capbreu* de 1451-56[2] au *Capbreu* antérieur à celui-ci, qui a été tout récemment retrouvé, on pourra remarquer que dans le papier terrier de 1451, les

---

1. Je dois remercier bien sincèrement M. Robin, archiviste départemental, de l'empressement qu'il a mis à rechercher ces documents concernant Castell Rossello.

2. H. Aragon, *Castell Rossello au Moyen âge*, édit. Privat. Toulouse, 1916.

actes ont été rédigés brièvement : c'était bien le *Manuel* qui ne renfermait que les minutes des actes ; toutes les formules y sont supprimées, ou tout au moins abrégées.

Dans le *Capbreu* de 1357, qui représente la *notule*, le notaire a dû recopier l'instrument avec toutes ses formules.

Il est inutile d'insister sur l'importance [1] de ces documents au point de vue de l'histoire locale et principalement de cette période historique quelque peu inconnue.

J'ose espérer que la reproduction et l'interprétation sommaire de ces deux textes (registres) auront suffi à combler quelque peu cette lacune.

On sera définitivement convaincu que les *registres* de notaires sont d'un grand secours pour les études de l'époque féodale, car les tabellions intervenaient jadis dans tous les contrats. « Ils enregistraient, dit Brutails [2], les conventions les plus solennelles comme les plus intimes, et dans leurs *notules* et leurs *manuels*, on traite de paix à côté de l'acte de réconciliation d'un mari avec sa femme. »

*Malheureusement, ces registres sont rares.*

Grâce aux patientes et laborieuses recherches de l'infatigable et érudit archiviste, M. M. Robin, nous avons eu la bonne fortune d'en découvrir deux, ainsi que l'acte important *vidimé* de 1357, documents qui nous ont servi

---

1. « C'est l'histoire locale, écrivait M. Giry, qui contribua à répandre chez les historiens le goût des recherches érudites et l'étude des documents. Tandis que les histoires générales s'écrivent encore à l'aide du fonds traditionnel et dans le sens de la rhétorique, les histoires de *provinces, de localités* et de familles se renouvellent et se complètent déjà par l'apport de documents nouveaux. » A. Giry, *Hist. de la diplomatique*, liv. I, ch. ii.

2. Brutails, *Étude sur la condition des populations rurales en Roussillon*, Introduction, p. xi.

à compléter et parfaire l'histoire du Moyen âge de Castell Rossello, l'ancienne capitale du Roussillon, de l'antique Ruscino.

### Le Capbreu de 1359 n'a qu'un seul registre.

Si, dans le *Capbreu* de 1451[1], nous avons trouvé : 1° le registre écrit au jour le jour, à mesure de la passation des contrats, le *Manuale notarium* qui représente un brouillon de l'acte, et 2° un registre où les minutes étaient développées, et qu'on appelait le livre d'étendues (*liber extensarum*), dans le *Capbreu* de 1359 le notaire n'a écrit qu'une seule minute et n'a tenu qu'un seul registre.

L'acte original du *Capbreu* de 1359, qui constitue la *grosse*, l'*instrumentum publicum*, était donc une expédition. Les actes de 1357, suivant les statuts qui s'inspiraient de la législation romaine, sont rédigés par Pierre Sapte, notaire, au nom de l'auteur de l'acte; tous débutent par une formule de notification : *Sit omnibus notum quod ego... gratis et ex certa scientia confiteor...*, etc.; ils se terminent par l'indication des noms des témoins de l'acte fait à la requête des parties (*presentibus pro testibus...; et me, qui requisitus recepi*). C'est la seule survivance de l'ancienne *completio* des tabellions romains.

### Remarque sommaire sur l'écriture du Capbreu.

On peut remarquer, dans l'écriture du *Capbreu*, qu'elle offre un exemple d'écriture cursive, celle qu'on employait pour les notés rapidement prises et les brouillons, et qui composaient le registre de notes brèves ou minutes.

---

1. H. Aragon, *Castell Rossello au Moyen âge*, 1 vol. in-8°, éd. Éd. Privat. Toulouse, 1916.

Le signe abréviatif consiste le plus souvent en un trait qui, partant du pied ou de la tête d'une lettre, se recourbe au-dessus du mot, quelquefois même en contournant tout ou partie du mot, sous la ligne. C'est là, dit M. Prou [1], un caractère de la cursive gothique qui paraît dans la seconde moitié du xiv$^e$ siècle, et persiste aux xv$^e$ et xvi$^e$ siècles.

J'ai déjà fait observer, dans le *Capbreu* de 1451 [2], que les lettres sont mal formées et toutes liées les unes aux autres ; les abréviations sont presque toujours indiquées par un trait qui, partant du pied ou de la tête d'une lettre, se recourbe sur cette lettre ou sur le mot entier. Le *b* et le *v* ont souvent la même forme. Le *c* se compose de deux petits traits qui forment un angle aigu et se confond avec le *t* ou avec l'*e* [3].

## Noms de lieu de l'acte de 1359.

On peut remarquer également, puisque j'ai transcrit le document postérieur à celui-ci (le *Capbreu* de 1451), que plusieurs noms de lieu qui sont cités en 1357, existaient encore un siècle plus tard et se sont fidèlement transmis. Parmi ces noms de lieu que nous avons retrouvé dans les actes de 1451-56, on peut citer :

*A bell Roure;* Bell Roure (acte du 31 mars 1455, p. 62).
Bell Royre (acte du 8 mai 1452, p. 34).
Aculea Stagni de Castro Rossilione (acte du 17 avril 1455, p. 112).
L'Estany d'en Dossa (acte du 1$^{er}$ janvier 1456, p. 178).

---

1. Maurice Prou, membre de l'Institut, *Manuel de paléographie*. 3$^e$ édition, 1910 (chartes du xiv$^e$ siècle).
2. H. Aragon, *op. cit.*, Observation sur l'écriture du *Capbreu*, par. V.
3. Comparez les fac-similés reproduits dans l'ouvrage cité.

Als Volos ; Los Volos (acte du 20 mars 1455, pp. 47 et 52).

La *Casa de Na Brandina* (acte du 15 avril 1455, p. 106).

(C'est la seule demeure sise à Castel-Roussillon que l'on retrouve dans le *Capbreu* de 1451.)

Les mêmes routes, sentiers, voies publiques, ruisseaux, moulins, existent encore après un siècle :

Via de Caneto ; via publica de Caneto.

Aculea Stagni Castri Rossilionis.

(ortus) in *recho molendini* Castri.

La voie *de Carles : via publica Vocata de Carles*.

## Remarques sur les noms de personnes désignées dans ce document.

Plusieurs familles avaient le nom du pays, du village. Les exemples sont innombrables ; nous les retrouverons dans l'Appendice, où je résume tous les actes où sont désignés les témoins, les contractants, les tenures avec les délimitations limitrophes.

Citons au hasard Bernard et Guillaume *Cabestany*, Bernard *Thuir*, En *Soler*, Jean *Urgell*, *Perpinyana* Fabre, Guilhem *Céret*, Vincent *Salelles*, En *Ripoll*, Bernard *Apia*, *Perpinyane* Cases, Bernard de *Vernet*, dame *Cabestany*, (Na Cabestanya), veuve Ricsende *Cabestany*, *Perpignan* Peyrer, Guilhem *Roussillon*, etc.

Ajoutons que, si les habitants du Roussillon et de la Cerdagne, au xiv<sup>e</sup> siècle, portaient le nom des villages, la plupart des villages même portaient, suivant l'opinion de M. Thiers[1], « les noms des colons romains qui ont été les vrais fondateurs ». On remarquera les

---

1. J.-F. Thiers, *Rapport sur les fouilles de Castel-Roussillon en 1913* (Extrait du *Bulletin archéologique du Comité des Inscriptions et Belles-Lettres*).

noms d'Arrius (*Ria*), Perpenna (*Perpignan*), Petilius (*Pézilla*), Allienius (*Alénya*), etc., « tous noms ou surnoms qui ont une origine étrusque, ainsi que la plupart des colons de Ruscino ».

En examinant le *Capbreu*, on constatera que la majeure partie des terres était cultivée en vignes.

Il y a 43 parcelles plantées en vignes.

     8   —   en champs pour l'ensemencement des blés.

     6   —   en bois ou forêt.

     5   —   en friche (*rupta*).

Comme dans le *Capbreu* de 1451, la vigne déjà, un siècle auparavant, dominait. Les terrains commençaient à être partiellement défrichés. Peu de terres sont incultes ; elles sont sur le point d'être cultivées.

Nous avons pu voir, dans le *terrier* que j'ai déjà transcrit, que tous ces terrains qui, au XIVe siècle, commençaient à être entièrement défrichés, furent, un siècle plus tard, complètement sillonnés par des canaux d'arrosage : les jardins, les vignes prospéraient en Roussillon. Les tenanciers d'alors amélioraient les terres, les bois, les forêts pour les générations futures du Roussillon.

# ACTES DU CAPBREU DE 1357

(13 MARS 1357 AU 14 FÉVRIER 1359.)

I. — **Acte du 13 mars 1357** (année de la Nativité).

Reconnaissance faite par [          ] au noble André de Fonollet, vicomte d'Ille et de Canet, SEIGNEUR DE CASTEL-ROUSSILLON, pour une terre [          ] confrontant d'un côté les tenures de Bernard [          ], parcur, et de Jacques [          ], tailleur, et, d'autre part, le bois qui avait appartenu à la femme d'En Yzarn de Cabestany, moyennant une redevance de *douze deniers*, et les droits de directe seigneurie, de lods et de foriscap.

L'acte fut passé par-devant les témoins Bernard [          ], prêtre; Bérenger Dossa, parcur de Perpignan, et fut rédigé par Pierre Sapte, notaire.

Sit omnibus notum quod ego ........., gratis et ex certa scientia confiteor et in veritate recognosco nobili Andree de Fonolleto, Dei gratia vicecomiti de Insula et de Ganeto, domino de Castro-Rossilione, absenti, et vobis notario publico infrascripto nomine ipsius absentis, stipulanti et recipienti, quod ego teneo et possideo peciam (ou) pecias terre, in terminis Beate Marie dicti Castri sitam (ou) sitas, loco vocato ........ Et affrontat ex una parte in tenentia Bernardi ........., paratoris, et ex alia in tenentia Jacobi ........, sartoris, et ex alia in via publica, et ex alia in quodam nemore quod quondam fuit uxoris d'En Ysern de [Capite] stagno, in et super quo dictus nobilis recipit quolibet anno duodecim denarios in festo Sancti Bartholomei apostoli, et foriscapium, laudimium et directum dominium tociens quociens dictum nemus vendatur vel inpignoretur in toto vel in parte. Et ideo pro predictis juribus predicto nobili et suis fore salvis et securis super quolibet nemore predictorum, obligo eidem nobili et suis in posse vestri dicti notarii prout supra stipulantis predicta nemora videlicet .....,.... quodlibet pro oneribus suis, prout predicitur, cum omni melioramento facto et fiendo in cisdem.

Quod fuit actum Perpiniani, die tricesima marcii, anno a nativitate Domini M° CCC° L° septimo, presentibus pro testibus Bernardo .........., presbitero, Berengario Dossa, paratore Perpiniani, et Petro Sapte, notario, qui hec recepi.

## II. — **Acte du 19 avril... CCC° L°...**

Reconnaissance faite par Bernard Bonet, roulier, (*traginer*) de Perpignan, au vicomte d'Ille et de Canet, André de Fenollet, Seigneur de Castel-Roussillon, pour deux pièces de terre, traversées par un ravin, sises au territoire de Notre-Dame de Castel-Roussillon, au lieu dit *Correchs Mallols* (ravins de Maillols). Les parcelles limitrophes sont celles d'Antoine Gasany, pareur, et de Pierre Cases : la voie publique ; les tenures de Bérenger Béatrix, pareur ; et de l'héritier d'En Grava, jardinier, et d'En Olives ; J. Nègre perçoit, en vertu de la vente consentie par le damoiseau Garald d'Ille, *douze deniers* de cens, tandis que le vicomte de Fenollet perçoit le quart, et les droits de directe et de foriscap.

L'acte fut passé par-devant Pierre Sapte, notaire, avec les témoins Jean Amat et Raymond Jat...o, tous les deux jardiniers à Perpignan.

Sit omnibus notum quod ego Bernardus Boneti, traginerius Perpiniani, gratis et ex certa scientia confiteor et in veritate recognosco nobili Andree de Fonolleto, Dei gratia vicecomiti de Insula et de Caneto, domino de Castro-Rossilione, absenti, et vobis notario publico infrascripto nomine ipsius absentis stipulanti et recipienti, quod ego teneo et possideo duas pecias terre meas, contiguas quodam corrego in medio, in terminis Beate Marie dicti Castri sitas, loco vocato *Correchs Mallols*. Et affrontant ex una parte in tenentia

Anthonii Cas[any], paratoris, et ex alia in via publica, et ex
duabus partibus in tenentia Petri Cases .........., et ex alia
in tenentia Berengarii Beatricis, paratoris, et ex alia parte
in tenentia heredis d'En Grava, ortolani, et ex alia in tenentia d'En Olives, bla.........., et ex alia in quadam alia tenentia mea. In et super quibus Jacobus Niger, notarius, vigore
venditionis sibi facte per Gueraldum de Insula, domicellum,
recipit duodecim denarios barchinonenses censuales quolibet anno perpetuo in festo natalis Domini; et dictus nobilis
recipit quartum in et super quadam parte dictarum pecia-
rum terre versus [tenentiam] Anthonii Gasany, paratoris, et
in tenentiam d'En Cases, et ex alia in [resi] duis partibus
dictarum petiarum terre mearum; et etiam foriscapium,
laudimium et directum dominium tociens quociens vendatur
vel inpignoretur in toto vel in parte. Et ideo pro juribus
preffati nobilis preinsertis dicto nobili [fore] salvis et securis,
obligo eidem nobili et suis in posse dicti notarii prout supra stipulantis et recipientis predictam partem cum omni
melioramento in eidem facto et fiendo.

Quod fuit actum Perpiniani, die decima nona aprilis,
anno a nativitate Domini millisimo CCC° L°....., presentibus pro testibus Johanne Amati, Raymundo Jat..... o. ortolanis Perpiniani, et me Petro Sapte, notario, qui hec recepi.

### III. — **Acte du 8 février 1356.**

Reconnaissance faite par G. Goglar, cordonnier de Perpignan, au vicomte André de Fenollet, Seigneur de Castel-Roussillon, pour une
vigne sise à Castel-Roussillon, au lieu dit *Bell Royre*[1], confrontant les
tenures de Guilhem Berart, de feu Bernard Turano (de Thuir) et
Jean Serda. La redevance annuelle perçue par le vicomte est de
*deux deniers* barcelonais, sans oublier les droits de directe, de lods et
de foriscap.

L'acte fut passé par-devant les témoins Bernard Franch, scribe, et
Bérenger Bassagode, clerc de Perpignan.

Rédacteur de l'acte : Pierre Sapte, notaire.

Sit omnibus notum quod ego G. Goglarii, sutor Perpiniani, gratis et ex certa scientia confiteor et in veritate recognosco nobili domino Andree de Fonoletto, viccecomiti de
Insula et de Caneto, domino de Castro-Rossilione, absenti,
et vobis notario publico infrascripto nomine ipsius nobilis
et suorum stipulanti et recipienti, quod ego teneo et possideo quandam vineam meam in terminis dicti Castri situatam, loco vocato *Bell Royre*, que condam fuit Raymundi
Aybrini (?), loci de Castro Rossilione. Et affrontat ex una
parte in tenentia Guillelmi Berart, et ex alia in tenentia
Bernardi Turano quondam, et ex alia in tenentia Johannis
Serdani, [medio] cenderio. In et super qua dictus nobilis
recipit duos denarios barchinonenses censuales in festo Na-
tivitatis Domini et foriscapium, laudimium et directum
dominium tociens quociens dicta vinea vendatur vel inpignoretur in toto vel in parte. Unde pro predictis duobus denariis barchinonensibus censualibus quolibet anno perpetuo
dicto festo solvendis, et pro aliis juribus predictis servandis
dicto nobili, obligo sibi et suis in posse vestri dicti notarii

---

1. On remarquera que tous ces lieux dits se retrouvent, un siècle plus
tard, et sont mentionnés plusieurs fois dans le *Capbreu* de 1451 :
Acte XIII, Reconnaissance par François Pagès d'une terre : à Bell Royre
(8 mai 1452); à Bell Roure, acte (31 mars 1455); Bell Roure (15 avril 1455).

ut supra stipulantis predictam vineam cum omni melioramento facto et fiendo in eadem.

Quod fuit actum Perpiniani die octava februarii, anno a
nativitate Domini millesimo CCC° L° sexto, presentibus pro
testibus Bernardo Franch, scriptore, et Berengario Bassa-
goda. clerico Perpiniani, et Petro Sapte, notario, qui hec
recepi.

### IV. — Acte du 27 avril 1357.

Reconnaissance faite par RAYMOND BOQUER, prêtre de l'*Eglise Saint-Jac-*
*ques de Canel*, autrefois prêtre bénéficier de *Vilarnau d'Avall*, au
SEIGNEUR DE CASTEL-ROUSSILLON, le vicomte André de Fenollet, pour
un champ, sis à Castel-Roussillon, au lieu dit *Bell Royre*. Délimitations des fonds voisins : les tenures de Bernard Aganet, brasseur ;
d'En Saorle, brasseur ; de dame Amade, et les routes publiques. Le
seigneur et vicomte censier perçoit annuellement les droits de directe seigneurie, de lods et de foriscap. Chaque année, Jacques Nègre,
notaire de Perpignan, reçoit pour prix de la vente consentie par le
damoiseau Garald d'Ille, *douze deniers* de cens.

L'acte fut rédigé par Pierre Sapte, notaire, et passé par-devant les
témoins Bernard Alayso, pareur, et Bernard Calvet, prêtre de Perpignan.

Sit omnibus notum quod ego Raymundus Boquerii, presbiter in ecclesia Sancti Jacobi de Caneto, beneficiatus olim
de Villarnaldo Inferiori, gratis et ex certa scientia confiteor
et in veritate recognosco nobili Andree de Fonoletto, Dei
gratia viceecomiti de Insula et de Caneto, domino de Castro
Rossilione, absenti, et vobis notario publico infrascripto
nomine ipsius stipulanti et recipienti, quod ego teneo et
possideo quendam campum meum in terminis Beate Marie
de Castro Rossilione situatum, loco vocato *Bell Royre*. Et
affrontat ex duabus partibus in viis publicis, et ex alia in
tenentia Bernardi Aganeti, brasserii, et ex alia in tenentia
d'En Saorla, brasserii, et ex alia in tenentia de Na Amada.
In et super quo dictus nobilis recipit foriscapium, laudimium et directum dominium totiens quotiens dictus campus vendatur vel inpignoretur in toto vel in parte. Et Jacobus

Nigri, notarius Perpiniani, recipit super eodem duodecim denarios barchinonenses censuales et rendales quolibet anno perpetuo in festo natalis Domini, vigore venditionis sibi facte per venerabilem Garaldum de Insula, domicellum. Unde pro juribus que recipit super predicto campo dictus nobilis predictis sibi reservandis et salvis, obligo sibi et suis in posse vestri dicti notarii ut supra stipulantis predictum campum cum omni melioramento facto et fiendo in eodem. - Quod fuit actum Perpiniani die xxvii<sup>a</sup> aprilis, anno a nativitate Domini millesimo CCC°L° septimo presentibus pro testibus Bernardo Alaysoni, G. . . . . ., paratoribus, Bernardo Calveti, presbitero Perpiniani, et me Petro Sapte, notario [qui hec recepi].

### V. — Acte du 29 avril 1357.

Reconnaissance faite par JEAN FABRE, de Vilarnau d'*avall*, au vicomte d'Ille et de Canet, André de Fenollet, SEIGNEUR DE CASTEL-ROUSSILLON, pour un champ dit « CAMP DEL CLOT » (champ du trou), sis au terroir de Notre-Dame de Castel-Roussillon, et qui avait appartenu jadis à Jean Mercader, de Vilarnau d'*amont*, territoire de Castel-Roussillon. Les tenures limitrophes appartiennent à Barthélemy Gilabert, de Vilarnau d'amont; à la femme d'En Soler; aux héritiers d'En Orts (jadis En Jaulze), et sont bornées par le ravin de l'*étang de Castel-Roussillon*. J. Nègre, notaire, reçoit *dix-huit deniers* de cens et les droits de directe, de lods et de foriscap sont perçus par le seigneur.

Rédacteur de l'acte : Pierre Sapte, notaire. — Témoins : Pierre Proas, prêtre, et Bernard Valls, procureur à Perpignan.

Sit omnibus notum quod ego Johannes Fabri, loci de Vilarnaldo Inferiori, gratis et ex certa scientia confiteor et in veritate recognosco nobili domino Andree de Fonolleto, Dei gratia vicecomiti de Insula et de Caneto, domino de Castro Rossilione, absenti, et vobis notario publico infrascripto nomine ipsius stipulanti et recipienti quod ego teneo et possideo quendam campum meum vocatum *Camp del Clot*, qui fuit Johannis Mercatoris de Vilarnaldo Superiori, in terminis Beate Marie de Castro Rossilione, confrontatum ex una parte in tenentia Bartholomei Gilaberti, loci de Vilarnaldo Superiori, et ex alia in tenentia uxoris d'En Soler quodam senderio in medio, et ex alia in tenentia heredis d'En Orts que fuit d'En Sautze, et ex alia in aculea stagni de Castro Rossilione. In et super quo campo dictus nobilis recipit foriscapium, laudimium et directum dominium, tociens quociens dictus campus vendatur vel inpignoretur in toto vel in parte. Et Jacobus Nigri, notarius Perpiniani, recipit decem octo denarios barchinonenses censuales anno quolibet in festo sanctorum Petri et Felicis. Unde pro dictis juribus dicti nobilis sibi salvis et reservandis, obligo sibi et suis in posse vestri dicti notarii ut supra stipulantis predictum cum omni melioramento facto et fiendo in eodem.

Quod fuit actum Perpiniani, die vicesima nona aprilis, anno a nativitate Domini M°CCC°L° septimo, presentibus pro testibus Petro Proassi, presbitero, Bernardo Valls, causarum procuratore Perpiniani, et me Petro Sapte, notario, qui hec recepi.

### VI. — **Acte du 2 mai 1357.**

Reconnaissance faite par Pierre Ferrer, de Vilarnau d'*avall*, au vicomte d'Ille et de Canet, André de Fenollet, Seigneur de Castel-Roussillon, pour un champ sis au terroir de Castel-Roussillon, au lieu dit Pug-Redon, confrontant les tenures de Jean Cabot (de Vilarnau d'*amont*), de la veuve Bernard Cardon (de Vilarnau d'*amont*), de Jean Fabre, dudit lieu, et de Jean Urgell, de la même localité. Le seigneur censitaire perçoit annuellement les droits de directe, de lods et de foriscap[1].

L'acte fut rédigé par Pierre Sapte, notaire, en présence des témoins Jacques Nègre, notaire, et Bérenger Savile, scribe de Perpignan.

Sit omnibus notum quod ego Petrus Ferrarii, loci de Villarnaldo Inferiori, gratis et ex certa scientia confiteor et in veritate recognosco nobili domino Andree de Fonolleto,

---

1. Cet acte ne mentionne point de cens, mais uniquement les droits de directe seigneurie et de foriscap. (Ce terrain était donc exempt de cens).

Dei gratia vicecomiti de Insula et de Caneto, domino de
Castro Rossilione, absenti, et vobis notario infrascripto nomine ipsius stipulanti et recipienti, quod ego teneo et possideo quendam campum meum, in terminis Beate Marie
de Castro Rossilione, loco vocato *Pug Redon*. Et affrontat ex
una parte in tenentia heredis Johannis Caboti, loci de Villarnaldo Superiori, et ex alia in tenentia uxoris Bernardi
Cardoni quondam de Villarnaldo superiori, et ex alia in
tenentia Johannis Fabri, dicti loci, et ex alia in tenentia
Johannis Urgelli, ejusdem loci. In et super quo dictus nobilis recipit foriscapium, laudimium et directum dominium
totiens quotiens dictus campus vendatur vel inpignoretur in
toto vel in parte. Et ideo pro juribus predictis ipsi nobili et
suis fore salvis, securis et reservandis, obligo eidem nobili
et suis in posse vestri dicti notarii ut supra stipulantis, predictum campum cum omni melioramento facto et fiendo in
eodem.

Quod fuit actum Perpiniani, die secunda madii, anno a
nativitate Domini M°CCC°L° septimo, presentibus pro testibus Jacobo Nigri, notario, Berengario Savila, scriptore Perpiniani, et me Petro Sapte, notario, qui hec recepi.

### VII. — **Acte du 2 mai 1357.**

Reconnaissance faite par Guilhem Imbaud, peaussier de Perpignan, au
vicomte André de Fenollet, Seigneur de Castel-Roussillon, pour
deux parcelles complantées en vigne, sises au territoire de Castel-Roussillon, au lieu dit *Cap del Stany*, confrontant les fonds d'Antoine
Gasany, pareur, le tenancier lui-même et la tenure de Pierre *Candeler*, prêtre, et moyennant un cens annuel de *trois sous* barcelonais,
versés entre les mains du notaire Jacques Nègre, de Perpignan, en
vertu de la vente à lui consentie par le vénérable Gérard d'Ille.

L'acte fut passé par-devant les témoins Bérenger Savile, scribe, et
Guillem Sartre, pareur.

Rédacteur de l'acte : Pierre Sapte, notaire.

Sit omnibus notum quod ego Guillelmus Imbaudi, pelliperius Perpiniani, gratis et ex certa scientia confiteor et in

veritate recognosco nobili domino Andree de Fonolleto, Dei gratia vicecomiti de Insula et de Caneto, domino de Castro Rossilione, absenti, in posse vestri notarii subscripti nomine ipsius absentis stipulantis et recipientis, quod ego teneo et possideo duas partes cujusdam vince infrascripte in terminis Beate Marie de Castro Rossilione loco vocato *Cap del Stany*, confrontatam ex una parte in tenentia Anthonii Gasany, paratoris, et ex duabus partibus in quadam alia tenentia mea, et ex alia in tenentia Petri Candelerii, presbiteri. In et super qua dictus nobilis recipit foriscapium tantum quandocumque et quotienscumque dicte vince due partes vendantur vel impignorentur in toto vel in parte. Et Jacobus Nigri, notarius Perpiniani recipit quolibet anno perpetuo in festo natalis Domini tres solidos barchinonensium censuales, vigore venditionis sibi facte per venerabilem Garaldum de Insula. Unde pro juribus predicti nobilis predictis sibi reservandis et salvis, obligo sibi et suis in posse vestri dicti notarii ut supra stipulantis predictas duas partes cum omni melioramento facto et fiendo in eisdem.

Quod fuit actum Perpiniani die secunda mensis madii, anno a nativitate Domini M° CCC° L° septimo, presentibus pro testibus Berengario Savila, scriptore, Guillelmo Sartore, paratore, et me, Petro Sapte, notario, qui hec recepi.

### VIII. — **Acte du 2 mai 1357.**

Reconnaissance faite par Pierre Ferrer, de Vilarnau d'*avall*, au Seigneur de Castel-Roussillon, le vicomte André de Fonollet, pour
une vigne et une parcelle de terre, sises au territoire de Castel-
Roussillon, au lieu dit L'Estany, moyennant un cens annuel d'*un
denier* de Barcelone que perçoit Jacques Nègre, notaire, pour prix de
la vente consentie par le damoiseau Garard d'Ille, à qui sont réservés
les droits de directe, de lods et de foriscap.

Le contrat fut rédigé par Pierre Sapte, notaire de Perpignan, en
présence des témoins : Bérenger Savile, écrivain public de Perpignan, et Pierre Cabot, de Vilarnau.

Sit omnibus notum quod ego Petrus Ferrarii, loci de Villarnaldo Inferiori, gratis et ex certa scientia confiteor et in
veritate recognosco nobili domino Andree de Fonolleto,
vicecomiti de Insula et de Caneto, domino de Castro Rossilione, absenti, et vobis notario publico infrascripto nomine
ipsius absentis et suorum stipulanti et recipienti, quod ego
teneo et possideo quandam vineam meam et terram ejusdem
in terminis de Castro Rossilione sitam, loco vocato *L'Estany,* in et super qua Jacobus Nigri, notarius Perpiniani,
recipit anno quolibet unum denarium barchinonensem censualem in festo Sancti Michaelis mensis septembris vigore
venditionis sibi facte per Garaldum de Insula, domicellum.
Et dictus nobilis recipit foriscapium, laudimium et directum dominium totiens quotiens dicta vinea vendatur vel
inpignoretur in toto vel in parte. Et ideo pro juribus dicti
nobilis predictis salvis et reservandis perpetuo, obligo dicto
nobili et suis, et vobis dicto notario ut supra stipulanti et
recipienti predictam vineam cum omni melioramento facto
et fiendo in eadem.

Quod fuit actum Perpiniani, die secunda madii, anno a
nativitate Domini MᵒCCCᵒLᵒ septimo, presentibus pro testibus Berengario Savila, scriptore Perpiniani, Petro Caboti,
de Villarnaldo, et me Petro Sapte, notario Perpiniani, qui
hec recepi.

## IX. — **Acte du 4 mai 1357.**

Reconnaissance faite par Barthélemy Rotunde, tailleur de Perpignan,
au vicomte d'Ille et de Canet, André de Fenouillet, Seigneur de
Castel-Roussillon, pour deux prés situés au terroir de Castel-Roussillon, au lieu dit Orta (le jardin), confrontant le chemin public et
les tenures de Jean Fabre, prêtre, et d'En Macip, pareur, moyennant
un cens annuel de *quinze deniers* de Barcelone et les droits de lods,
de directe et de foriscap.

Témoins de l'acte : Pierre Vital, poissonnier, et Bérenger Savile,
scribe. — Rédacteur de l'acte : Pierre Sapte, notaire.

Sit omnibus notum quod ego Bartholomeus Rotundi, sartor Perpiniani, gratis et ex certa scientia confiteor et in veritate recognosco nobili domino Andree de Fonolleto, Dei
gratia vicecomiti de Insula et de Caneto, domino de Castro
Rossilione, absenti, et vobis notario publico infrascripto
nomine ipsius stipulanti et recipienti, quod ego teneo et
possideo duos pratos contiguos, in terminis de Castro Rossilione situatos, loco vocato *Orta;* confrontantur ex una parte
in via publica, et ex duabus partibus in tenentia d'En Macip,
paratoris, et ex alia in tenentia Johannis Fabri, presbiteri ;
in et super quibus dictus nobilis recipit et recipere consuevit anno quolibet quindecim denarios barchinonenses censuales in festo Sancti Bartholomei apostoli, et foriscapium,
laudimium et directum dominium toties quotiens dicti
prati vendantur vel inpignorentur in toto vel in parte. Et
ideo pro dictis quindecim denariis barchinonensibus censualibus quolibet anno perpetuo dicto termino exsolvendis,
aliisque juribus predictis reservandis, obligo dicto nobili et
suis, in posse vestri, dicti notarii, ut supra stipulantis et
recipientis, predictos duos pratos cum omni melioramento
facto et fiendo in eisdem.

Quod fuit actum Perpiniani, die quarta madii, anno a
nativitate Domini millesimo CCC° L° septimo, presentibus

pro testibus Petro Vitalis, pexonenio, Berengario Savila, scriptore Perpiniani, et me, Petro Sapte, notario qui hec recepi.

## X. — Acte du 4 mai 1357.

Reconnaissance faite par PIERRE GRAVA, adulte, fils de feu Bérenger
  Grava, jardinier de Perpignan, au vicomte André de Fenouillet,
  SEIGNEUR DE CASTEL-ROUSSILLON, absent, au notaire Nègre, qui le représente, et au recteur de Notre-Dame de Castel-Roussillon, Bernard Mafred, ici présent, pour une vigne et un coteau sis au terroir
  de Castel-Roussillon, au lieu dit *Correch dels Mallols*. Le vicomte de
  Fenouillet perçoit un cens annuel de *deux deniers*, et le Recteur,
  Bernard Mafred, recteur de l'église Notre-Dame de Castel-Roussillon,
  reçoit à la Noël *une poule;* tous les deux, indivisément, touchent les
  droits de directe, de lods et de foriscap.
  L'acte fut rédigé par Pierre Scapat, notaire, en présence des témoins Pierre Vital, poissonnier, et Bérenger Savile, scribe.

Sit omnibus notum quod ego Petrus Grava, adultus, ortolanus Perpiniani, filius Berengarii Grava, ortolani Perpiniani quondam, gratis et ex certa scientia confiteor et in
veritate recognosco nobili domino Andree de Fonolleto,
vicecomiti de Insula et de Caneto, domino de Castro Rossilione, absenti, et vobis, notario publico infrascripto, nomine ipsius absentis et suorum legitime stipulanti et recipienti, et vobis domino Bernardo Mafredi, rectori ecclesie
Beate Marie de Castro Rossilione, presenti, quod ego teneo
et possideo quandam vineam cum quodam cotivo in terminis Beate Marie de Castro Rossilione sitam, loco vocato
*Correchs dels Mallols*. Et confrontatur ex una[1]... In et super
qua dictus nobilis vicecomes recipit duos denarios censuales in festo natalis Domini, et dominus Rector unam gallinam in dicto festo natalis Domini, et ambo dicti nobilis et
rector pro indiviso foriscapium, laudimium et directum
dominium totiens quotiens dicta vinea et cotivus vendantur vel inpignorentur in toto vel in parte. Et ideo pro pre-

---

1. Les confrontations ne sont pas indiquées.

dictis juribus cuilibet dictorum nobilis et rectoris competentibus salvis, securis et reservandis ut predicitur, obligo
eisdem et cuilibet eorum pro juribus sibi competentibus in
eadem, in posse vestri dicti notarii ut supra stipulantis
predictam vineam et cotivum cum omni melioramento
facto et fiendo in eisdem.

Quod fuit actum Perpiniani die quarta madii, anno a nativitate Domini millesimo CCC°L° septimo, presentibus pro
testibus Petro Vitalis, pexonerio, Berengario Savila, scriptore, et me, Petro Scapati, notario, qui hec recepi.

### XI. — **Acte du 9 mai 1357.**

Reconnaissance faite par JEAN URGELL, de Vilarnau d'*Avall*, au vicomte
André de Fenouillet, SEIGNEUR DE CASTEL-ROUSSILLON, pour une vigne
et un jardin contigus, sis au terroir de Castel-Roussillon, au lieu
dit *Vinyals*, confrontant les biens de Pierre Serda, pareur de Perpignan ; de Bernard Fabre (de Vilarnau d'*Amont*); d'En Ginis, de Perpignan, de dame Carto (?) et une tenure que le contractant possède
en directe au nom de l'église de Castel-Roussillon, et les fonds de feu
En Gaucelm, pareur; d'Em..., brasseur, et d'en Cebria, de Perpignan. En vertu de la vente consentie par le donzell, Garald d'Ille,
Jacques Nègre perçoit un cens annuel de *douze deniers;* le vicomte
de Fenouillet perçoit les droits de lods et de foriscap.

Témoins de l'acte : Bernard Mafred, prêtre, et Bérenger Savile,
scribe. Rédacteur de l'acte : Pierre Sapte, notaire.

Sit omnibus notum quod ego Johannes Urgelli loci de
Vilarnaldo Inferiori, gratis et ex certa scientia confiteor et
in veritate recognosco nobili domino Andree de Fonolleto,
vicecomiti de Insula et de Caneto, domino de Castro Rossilione, absenti, et vobis, notario publico infrascripto nomine
ipsius stipulantis et recipientis, quod ego teneo et possideo
quandam vineam et quendam ortum contiguos, in terminis
de Castro Rossillione, loco vocato V[inyals] confrontatos ex
una parte in tenentia Petri Serdani, paratoris Perpiniani, et
ex alia in tenentia Bernardi Fabri, loci de Vilarnaldo Superiori, et ex alia parte in tenentia d'En Ginis, de Perpiniano,

et ex alia in tenentia de na Cartona (?), et ex alia in quadam alia tenentia mea que jure directo tenetur pro ecclesia de Castro Rossilione, et ex alia in tenentia d'En Gaucelm, quondam, paratoris, et ex alia in tenentia d'Em......., quondam, brasserii, et ex alia in tenentia d'En Cebria, de Perpiniano. In et super quibus Jacobus Nigri, notarius Perpiniani, recipit duodecim denarios barchinonenses censuales anno quolibet in festo Sancte Marie mensis septembris, vigore venditionis sibi facte per Garaldum de Insula domicellum. Et dictus nobilis dominus recipit foriscapium, laudimium et directum dominum totiens quotiens dicti vinea et campus vendantur vel inpignorentur in toto vel in parte. Et ideo pro juribus dicti nobilis predictis sibi fore salvis, securis et reservandis obligo sibi et suis in posse dicti notarii ut supra stipulantis predictam peciam terre cum omni melioramento facto et fiendo in eadem.

Quod fuit actum Perpiniani, die nona madii, anno a nativitate Domini millesimo CCC° L° septimo, presentibus pro testibus Bernardo Mafredi, presbitero, Berengario Savila, scriptore Perpiniani, et me Petro Sapte, notario, qui hec recepi.

### XII. — **Acte du 9 mai 1357**.

Reconnaissance faite par Pierre Traner, forgeron de Perpignan, au Seigneur de Castel-Roussillon, André de Fenouillet, vicomte d'Ille et de Canet, pour une vigne, sise à Castel-Roussillon, au lieu dit *Los Volos*[1], confrontant les tenures de Françoise Tallet, sœur du concessionnaire, et femme de Bernard Tallet, cordonnier; de Guillaume Cabestany, peaussier, et bornée d'autre part par un sentier et la *route de Canet*, et moyennant un cens de *six deniers barcelonais* et les droits de directe, de lods et de foriscap.

L'acte fut rédigé par Pierre Sapte, notaire, en présence des témoins Bérenger Saville et Barthélemy Mirambell.

Sit omnibus notum quod ego Petrus Trancrii, faber Perpiniani, gratis ex certa scientia confiteor et in veritate reco-

---

1. Nous retrouverons souvent ce lieu dit dans le *Capbreu* de 1451-56.

gnosco nobili Andree de Fonolleto, vicecomiti de Insula et de Caneto, domino de Castro Rossilione, absenti, et vobis notario publico infrascripto nomine ipsius stipulanti et recipienti quod ego teneo et possideo quandam vineam meam cum terra ejusdem, in terminis Beate Marie de Castro Rossilione sitam, loco vocato *los Volos*, confrontatam ex una parte in tenentia Francische sororis mee, uxoris Bernardi Talleti, sutoris, et ex alia in tenentia Guillelmi Capitis-stagni, pelliperii, et ex alia in quodam senderio, et ex alia in via de Caneto. In et super qua dictus nobilis recipit quolibet anno perpetuo sex denarios barchinonenses in festo natalis Domini, et foriscapium, laudimium et directum dominium totiens quotiens dicta vinea vendatur vel inpignoretur in toto vel in parte. Et ideo predictis sex denariis barchinonensibus censualibus anno quolibet perpetuo dicto festo solvendis, aliisque juribus predictis reservandis, obligo dicto nobili et suis, et vobis, dicto notario, ut supra stipulanti et recipienti predictam vineam cum omni melioramento facto et fiendo.

Quod fuit actum Perpiniani die nona madii, anno a nativitate Domini M° CCC° L° septimo, presentibus pro testibus Berengario Savila, scriptore, Bartholomeo Mirambelli, et me, Petro Sapte, notario, qui hec recepi.

## XIII. — **Acte du 9 mai 1357.**

Reconnaissance faite par Françoise Traner, fille de Pierre Traner, forgeron de Perpignan, et femme de Bernard Tallet, cordonnier de Perpignan (avec le consentement de son mari), au vicomte de Fenouillet,
Seigneur de Castel-Roussillon, pour une vigne et un terrain situés
au terroir de Castel-Roussillon, au lieu dit *Los Volos*, attenant à la
*route de Canet*, et aux tenures de Pierre Traner, forgeron de Perpignan, frère du contractant; de Guilhem Cabestany, peaussier; d'En
Ribell, jardinier, et de Pierre Sapte, notaire. Le seigneur perçoit un
cens d'*un denier barcelonais*, et les droits de directe, de lods et de
foriscap.

L'acte fut rédigé par Pierre Sapte, notaire, et approuvé par Bernard
Tallet, mari de Françoise Tallet, par-devant les témoins Bérenger
Savile, scribe, et Barthélemy Mirambel, de Perpignan.

Sit omnibus notum quod ego Francischa, filia Petri
Tranerii, fabri Perpiniani, et uxor Bernardi Talleti, sutoris
Perpiniani, cum voluntate dicti viri mei presentis, gratis et
ex certa scientia confiteor et in veritate recognosco nobili
domino Andree de Fonolleto, vicecomiti de Insula et de
Caneto, domino de Castro Rossilione, absenti, et vobis,
notario publico infrascripto, nomine dicti nobilis stipulanti et recipienti, quod ego teneo et possideo quandam
vineam meam et terram ejusdem, in terminis Beate Marie
de Castro Rossilione sitam, loco vocato *Los Volos*, confrontatam ex una parte in tenentia Petri Tranerii, fabri Perpiniani, fratris mei, et ex alia in tenentia Guillelmi Capitisstagni, pelliperii, et ex alia in tenentia d'En Ribelle, ortolani, et ex alia in tenentia Petri Sapte, notarii, et ex alia in
via publica de Caneto. In et super qua dictus nobilis recipit
unum denarium barchinonensem censualem in festo natalis
Domini, et foriscapium, laudimium et directum dominium
totiens quotiens dicta vinea vendatur vel inpignoretur in
toto vel in parte. Unde pro predicto denario censuali quolibet anno perpetuo dicto festo solvendo, aliisque juribus

predictis reservandis, obligo dicto nobili et suis, in posse dicti notarii ut supra stipulantis et recipientis, predictam vineam cum omni melioramento facto et fiendo in eadem. Et ego dictus Bernardus Talleti, maritus dicte Francisce, hec laudo et firmo.

Quod fuit actum Perpiniani, die nona madii, anno a nativitate Domini M° CCC° L° septimo, presentibus pro testibus Berengario Savila, scriptore, Bartholomeo Mirambelli, de Perpiniano, et me, Petro Sapte, notario, qui hec recepi.

XIV. — Acte du 10 mai 1357.

Reconnaissance faite par PERPINIANE FABRE, veuve de Jacques Fabre, ancien forgeron de Perpignan, et tutrice de Jacques et Catherine, ses enfants (d'après le testament fait à Perpignan chez Pierre Sapte, notaire), au vicomte de Fenouillet, SEIGNEUR DE CASTEL-ROUSSILLON, pour une vigne appartenant aux dits mineurs, sise au terroir de Castel-Roussillon. Ce terrain confronte les tenures de Bérenger ROUSSILLON, de François THUIR (de Perpignan), et de feu Bernard Sobira, ancien maçon. Le seigneur censier perçoit une redevance annuelle de *six deniers* barcelonais, et les droits de foriscap, de lods et de directe seigneurie.

Témoins de l'acte : Bérenger Savile, scribe ; [Pierre] Salvat, pareur de Perpignan. Rédacteur de l'acte : Pierre Sapte, notaire.

Sit omnibus notum quod ego Perpiniana, uxor Jacobi Fabri, fabri de Perpiniano, quondam, tutrix Jacobi et Catarine pupillorum, filiorum meorum, cum testamento nuncupativo inde facto Perpiniani in posse Petri Sapte, notarii, confiteor et in veritate recognosco vobis nobili Andree de Fonolleto, vicecomiti de Insula et de Caneto, domino de Castro-Rossilione, et vestris, quod ego, nomine predicto, teneo et possideo quandam vineam dictorum pupillorum, in terminis Beate Marie de Castro Rossilione situatam. Et affrontat ex una parte in tenentia Berengarii Rossilionis, et ex alia in tenentia Francisci Turani de Perpiniano, quodam senderio in medio, et ex alia in tenentia Bernardi Sobirani, quondam, peyrerii. In et super qua vos, dictus nobi-

lis, recipitis sex denarios barchinonenses censuales anno
quolibet in festo natalis Domini, et foriscapium, laudimium
et directum dominium totiens quotiens dicta vinea vendatur vel inpignoretur in toto vel in parte. Unde pro predictis sex denariis barchinonensibus censualibus quolibet anno
perpetuo dicto festo exsolvendis, aliisque juribus predictis
vobis reservandis, obligo, nomine predicto, vobis dicto
nobili et vestris predictam vineam cum omni melioramento
facto et fiendo in eadem.

Quod fuit actum Perpiniani, die decima madii, anno a
nativitate Domini M° CCC° L° septimo, presentibus pro testibus Berengario Savila, scriptore, [Petro] Salvati, paratore,
Perpiniani, et me, Petro Sapte, notario qui hec recepi.

## XV. — Acte du X mai 1357.

Reconnaissance faite par PIERRE SALVET, pareur de Perpignan, au
vicomte André de Fenouillet, SEIGNEUR DE CASTEL-ROUSSILLON, pour
trois vignes, sises au terroir de Notre-Dame de Castel-Roussillon,
au lieu dit *Veselles*, dont l'une est attenante aux fonds de Guilhem
SÉRET, et de Guilhem Jean, jardiniers : sur cette tenure, Jacques
Nègre, notaire, perçoit une redevance annuelle de *quatre deniers*, et
le vicomte de Fenouillet perçoit les droits de foriscap, de lods et de
directe seigneurie. L'autre parcelle est assujettie à un cens de *six
deniers* barcelonais, au profit de Jacques Nègre, notaire, et aux droits
de lods, de directe et de foriscap, au profit du vicomte d'Ille et de
Canet : cette portion de vigne confronte les tenures de Guilhem Jean
et de Guilhem CÉRET, jardinier. La troisième vigne, qui est attenante aux biens de Guilhem Jean, d'Antoine Blanch, pareur, est
assujettie à un cens de *quatre deniers*, et aux droits de lods, directe
et foriscap, perçus par le vicomte André de Fenouillet. Témoins de
l'acte : Estève Canisser et François Barallo, de Perpignan. Rédacteur de l'acte : Pierre Sapte, notaire.

Sit omnibus notum quod ego Petrus Salveti, parator Perpiniani, gratis et ex certa scientia confiteor et in veritate
recognosco vobis nobili Andree de Fonolleto, Dei gratia
vicecomiti de Insula et de Caneto, domino de Castro Rossilione, et vestris, quod ego teneo et possideo tres vineas meas

contiguas, in terminis Beate Marie de Castro Rossilione, loco vocato *Veselles*[1], una quorum affrontat ex una parte in tenentia Guillelmi Sereti, et ex alia in tenentia Guillelmi Johannis, ortolanorum, et ex alia in tenentia mea; in et super qua Jacobus Niger, notarius, recipit quatuor denarios in festo Sancte Marie mensis septembris, anno quolibet perpetuo, et vos, dictus nobilis, foriscapium, laudimium et directum dominium, totiens quotiens dicta vinea vendatur vel inpignoretur in toto vel in parte. Alia vero vinea affrontat ex una parte in tenentia Guillelmi Johannis, et ex alia in tenentia superius confrontata, et ex alia in tenentia Guillelmi Cereti, ortolani, Perpiniani; in ea dictus Jacobus Nigri recipit anno quolibet in festo natalis Domini sex denarios barchinonenses censuales, et vos, dictus nobilis, recipitis foriscapium, laudimium et directum dominium, totiens quotiens dicta vinea vendatur vel inpignoretur in toto vel in parte. Et alia vinea confrontatur in tenentia Anthonii Blanch, paratoris, et in tenentia dicti Guillelmi Johannis, et ex alia in dicta vinea superius confrontata; in et super qua vos, dictus nobilis, recipitis anno quolibet perpetuo quatuor denarios, in festo natalis Domini, et etiam foriscapium, laudimium et directum dominium, totiens quotiens dicta vinea vendatur vel inpignoretur in toto vel in parte. Unde pro predictis juribus vestris, dicti nobilis, solvendis et reservandis prout predicitur, obligo vobis et vestris predictas vineas quaslibet pro juribus que habetis in eisdem, cum omni melioramento facto et fiendo in eisdem.

Quod fuit actum Perpiniani, die X madii, anno a nativitate Domini M°CCC°L° septimo, presentibus pro testibus Stephano Canisserii, Francisco Baraloni, de Perpiniano, et me, Petro Sapte, notario, qui hec recepi.

---

1. Ou *Vensells*, mais plutôt *Vesselles*. — A l'acte XXXV, dans la reconnaissance faite par la veuve Perpiniane Jean Masade, nous retrouvons ce lieu dit *les Vesselles* : il n'y a donc aucun doute à avoir sur la transcription de ce mot dans l'acte ci-dessus.

### XVI. — **Acte du 11 mai 1357**.

Reconnaissance faite par la veuve Étienne Tolza, légataire universelle
de Bonet Tolza, ancien *meunier de Castel-Roussillon*, au vicomte de
Fenouillet, pour une terre dite *ruptam*, au lieu dit Bosch del Arenest,
sise au terroir de Castel-Roussillon, confrontant les tenures de Jean
Godille, peaussier ; de Bernard Rayners, jardinier, et le chemin public, et assujettie à un cens de *deux sous* barcelonais que perçoit
Jacques Nègre, notaire à Perpignan, en vertu de la vente que lui fit
le *vénérable* Garald d'Ille : celui-ci perçoit les droits de lods, de
foriscap et de directe seigneurie.

L'acte fut rédigé par Pierre Sapte, notaire, par-devant les témoins
Vincent Salelles, tisserand, et Guilhem Just, cordonnier.

Sit omnibus notum quod ego Stephana, uxor et heres
universalis Boneti Tolzani, monerii loci de Castro Rossilione, quondam, gratis et ex certa scientia confiteor et in
veritate recognosco nobili Andree de Fonolleto, Dei gratia
vicecomiti de Insula et de Caneto, domino de Castro Rossilione, absenti, et notario publico infrascripto nomine dicti
absentis stipulanti et recipienti, quod ego teneo et possideo
quandam peciam terre vocatam *ruptam,* loco vocato *Bosch
del Arenest,* in terminis dicti loci situatam, confrontatam
ex duabus partibus in tenentia Johannis Godilli, pelliperii,
et ex alia in tenentia Bernardi Rayners, ortolani, et ex alia
in via publica. In et super qua Jacobus Niger, notarius
Perpiniani, recipit duos solidos barchinonensium censuales
in festo Sancti Bartholomei apostoli, vigore venditionis sibi
facte per venerabilem Gueraldum de Insula ; et dictus nobilis foriscapium, laudimium et directum dominium totiens
quotiens dicta pecia terre vendatur vel inpignoretur in toto
vel in parte. Unde pro predictis juribus preffati nobilis sibi
salvis et reservandis, obligo eidem et suis, in posse vestri,
notarii, ut supra stipulantis et recipientis, predictam peciam
terre cum omni melioramento facto et fiendo in eadem.

Quod fuit actum Perpiniani, die undecima madii, anno

a nativitate Domini M° CCC° L° septimo, presentibus pro testibus Vincentio Salelles, textore, Guillelmo Justi, sutore,
Perpiniani, et me, Petro Sapte, notario, qui hec recipi.

### XVII. — **Acte du 11 mai 1357**.

Reconnaissance faite par la veuve Thomas Moli, épouse de Jean Moli,
(panetier de la Reine d'Aragon), fille et héritière des biens de feu
Guilhem Jorda, ancien maçon, au vicomte André de Fenouillet,
Seigneur de Castel-Roussillon, pour deux vignes, dont l'une est
située au terroir de Notre-Dame de Castel-Roussillon, au lieu dit *Vila-
Novela*[1], confrontant les terroirs de Bernard Rayners, d'En Traner,
menuisier, de Pierre Garsie, peaussier, et le chemin public. Cette
parcelle est assujettie à un cens de *trois deniers* de Barcelone que
perçoit Jacques Nègre, notaire, et aux droits de foriscap, de lods et
de directe, perçus par le *noble* vicomte de Fenouillet. La seconde
parcelle confronte les tenures de Bernard Fuster, jardinier, d'En
Masescre, tisserand, de Na Amade, et d'En Ripoll, de Vilarnau ; elle
est assujettie à une redevance de *six deniers* de Barcelone, que perçoit
ledit Jacques Nègre, et aux droits de directe, de lods et de foriscap,
perçus par le vicomte André de Fenouillet.

L'acte fut rédigé par Pierre Sapte, notaire, en présence des témoins Estève Canisser, François Baralo, et Guilhem Salamo, de
Perpignan.

Sit omnibus notum quod ego Thomasia, filia et heres.....
in bonis Guillelmi Jordani, peyrerii Perpiniani, quondam,
ab intestato deffuncti, et uxor Johannis Moli, panisserii
inclite Regine Aragonum, gratis et ex certa scientia confiteor et in veritate recognosco vobis nobili Andree de Fonolleto, vicecomiti de Insula et de Caneto, domino de Castro
Rossilione, quod ego teneo et possideo duas vineas, una
quarum est in terminis Beate Marie dicti Castri, loco vocato
*Vila-Novela;* et affrontat ex una parte in tenentia Bernardi
Rayners, et ex alia in tenentia d'En Traner, fusterii, et ex

---

1. Nous retrouverons dans le *Capbreu* de 1451 ce lieu dit (voir *Castell
Rossello au Moyen âge*, II. Aragon, édit. Privat, 1916. Acte 129, Guillaume
Macip, tenancier du Seigneur de C. Roussillon d'un terrain autrefois
à G. Giraud, au lieu dit *Villa-Novela*, 10 décembre 1455).

alia in tenentia Petri Garsie, pelliperii, et ex alia in via publica; in et super qua Jacobus Nigri, notarius Perpiniani, recipit tres denarios barchinonenses censuales in festo Sancte Marie mensis septembris; et vos, dictus nobilis, recipitis foriscapium, laudimium et directum dominium, totiens quotiens dicta vinea vendatur vel inpignoretur in toto vel in parte. Alia vero vinea est in dictis terminis, et affrontat ex una parte in tenentia Bernardi Fusterii, ortolani, et ex alia in tenentia d'En Masescre, textoris, et ex alia in tenentia de Na Amada, et ex alia in tenentia d'En Ripoll, de Villarnaldo; in et super qua dictus Jacobus Nigri recipit sex denarios barchinonenses censuales anno quolibet perpetuo festo Sancti Bartholomei apostoli; et vos, dictus nobilis, foriscapium, laudimium et directum dominium, totiens quotiens dicta vinea vendatur vel inpignoretur in toto vel in parte. Et pro juribus vestri, dicti nobilis, predictis in et super dictis vineis salvis et reservandis, obligo vobis, preffato nobili, et vestris, predictas vineas cum omni melioramento facto et fiendo in eisdem.

Quod fuit actum Perpiniani, die undecima madii, anno a nativitate Domini M°CCC°L° septimo, presentibus pro testibus Stephano Canisserii, Francisco Baraloni, Guillelmo Salamonis, de Perpiniano, et me, Petro Sapte, notario, qui hec recepi.

### XVIII. — **Acte du 11 mai 1357**.

Reconnaissance faite par la veuve STÉPHANIE TOLZA, légataire universelle de Bonet-Tolza, ancien *meunier de Castel-Roussillon*, au vicomte
André de Fenouillet, SEIGNEUR DE CASTEL-ROUSSILLON, pour un petit
jardin (*ortellum*) sis au territoire de Castel-Roussillon, au lieu dit
*Vinyals*, confrontant les tenures de Pierre Raymond, fils de Bernard
Raymond, ancien négociant, et de la veuve de Pierre Jaubert, ancien
scribe de Perpignan; cette parcelle est traversée par un ravin et
bordée par la voie publique. En vertu de la vente que fit le damoiseau Garald d'Ille au notaire Jacques Nègre, celui-ci perçoit annuellement un cens d'*un denier;* le vicomte de Fenouillet perçoit les
droits de lods, de directe et de foriscap.

L'acte fut rédigé par Pierre Sapte, notaire, en présence des témoins
Vincent [Salelles], tisserand, et Guilhem Just, cordonnier, de Perpignan.

Sit omnibus notum quod ego Stephania, uxor et heres
universalis Boneti Tolzani, monerii loci de Castro Rossilione, gratis et ex certa scientia confiteor et in veritate recognosco nobili domino Andree de Fonolleto, Dei gratia
vicecomiti de Insula et de Caneto, domino de Castro Rossilione, absenti, et vobis, notario infrascripto, nomine dicti
absentis stipulantis et recipientis, quod ego teneo et possideo
quendam ortellum in dictis terminis situm loco vocato
*Vinyals*, confrontatum ex una parte in tenentia Petri Raymundi, filii, Bernardi Raymundi, quondam, mercatoris, et
ex alia in tenentia uxoris Petri Jauberti, scriptoris Perpiniani, quondam, quodam correge in medio, et ex alia in
via publica. In et super quo Jacobus Nigri, notarius Perpiniani, vigore venditionis sibi facte per Garaldum de Insula,
domicellum, recipit anno quolibet unum denarium in festo
natalis Domini; et dictus nobilis foriscapium, laudimium et
directum dominium, totiens quotiens dictus ortellus vendatur vel inpignoretur in toto vel in parte. Unde pro predictis juribus preffati nobilis sibi salvis et reservandis,
obligo eidem nobili et suis in posse vestri, dicti notarii, et

supra stipulantis, predictum ortum cum omni melioramento facto et fiendo in eodem.

Quod fuit actum Perpiniani, die undecima madii, anno a
nativitate Domini millesimo CCC° L° septimo, presentibus
pro testibus Vincentio [Salelles], textore, Guillelmo Justi,
sutore, Perpiniani, et me Petro Sapte, notario, qui hec
recepi.

### XIX. — Acte du 11 mai 1357.

Reconnaissance faite par Guilhem Just, cordonnier de Perpignan, au
Seigneur de Castel-Roussillon, André de Fenouillet, pour la moitié
d'une vigne et d'un terrain, limités et bornés par le fonds de Michel
Ade, le vendeur. Cette parcelle tout entière, appartenant soit au
contractant, soit au vendeur, Michel Ade, est d'une contenance de
*deux ayminates*[1], dont *une* ayminate environ appartient au concessionnaire Guilhem Just. Cette portion de vigne, sise au terroir de
Notre-Dame-de-Castel-Roussillon, au lieu dit *Almissara*, confronte le
tenancier, les tenures de Pierre Raymond, tisseur, de Bernard Roi
ou Regis, notaire, de Jean Vital, jardinier, et de Raymond Masade,
boucher. Cette parcelle est assujettie à un cens de *seize deniers* barcelonais, au profit de Jacques Nègre, notaire, en plus des *deux sous
et huit deniers* que percevait ledit notaire sur la totalité du terrain,
qui appartient aujourd'hui, en partie, à Jean Vidal (il faut lire :
à Michel Ade). Le seigneur de Fenouillet perçoit les droits de lods,
directe et de foriscap sur la moitié de la vigne.

Témoins de l'acte : Bernard Satorn, négociant, et Estève Canisser,
de Perpignan. Rédacteur de l'acte : Pierre Sapte, notaire.


Sit omnibus notum quod ego Guillelmus Justi, sutor Perpiniani, gratis et ex certa scientia confiteor et in veritate
recognosco nobili domino Andree de Fonolleto, Dei gratia
vicecomiti de Insula et de Caneto, domino de Castro Rossilione, absenti, et vobis, notario publico subscripto, nomine
ipsius stipulanti et recipienti, quod ego teneo et possideo
medietatem cujusdam vinee cum terra in qua est plantata,
prout limitata et terminata est inter me et Michaelem Ade
qui illam michi vendidit. Que quidem tota dicta vinea tam

---

1. C'est le premier acte qui indique la surface du terrain cédé.

dicti Michaelis Ade quam mei, dicti Guillelmi Justi, continet in se duas eminatas terre vel quasi, et dicta medietas mea dicte vinee continet in se unam ayminatam terre vel circa. Et est dicta vinea in terminis Beate Marie de Castro Rossilione, loco vocato *Almissarra*. Et affrontat dicta mea medietas dicte vinee in tenentia Petri Raymundi, textoris, et ex alia in tenentia Bernardi Regis, notarii, quodam senderio in medio, et ex alia in tenentia Johannis Vitalis, ortolani, et ex alia in tenentia Raymundi Masada, macelarii. In et super qua Jacobus Nigri, notarius Perpiniani, recipit sexdecim denarios barchinonenses censuales anno quolibet in festo natalis Domini, in adjutorium illorum duorum solidorum et octo denariorum quos dictus Jacobus Nigri recipit super tota dicta vinca, cujus medietas (sic) tenet et possidet predictus Johannes Vitalis[1]; et dictus nobilis recipit foriscapium, laudimium et directum dominium toticns quotiens dicta medietas dicte vinee vendatur vel inpignoretur in toto vel in parte. Unde pro dictis juribus preffati nobilis domini sibi fore salvis et reservandis, obligo eidem et suis, in posse vestri, dicti notarii, ut supra stipulatur, predictam medietatem cum omni melioramento facto et fiendo in eadem.

Quod fuit actum Perpiniani, die undecima madii, anno a nativitate Domini M°CCC°L° septimo, presentibus pro testibus Bernardo Satorra, mercatore, Stephano Canisserii, clerico, Perpiniani, et me, Petro Sapte, notario, qui hec recepi.

---

1. C'est sans doute une erreur; il doit s'agir de Michel Ade.

## XX. — **Acte du 11 mai 1357**.

Reconnaissance faite par Vincent Salelles, tisserand, de Perpignan, au
vicomte de Fenouillet, Seigneur de Castel-Roussillon, pour une
vigne sise au territoire de Notre-Dame de Castel-Roussillon, au lieu
dit Almissarra, confrontant les biens de Bernard Regis, notaire ;
d'Arnaud Royre, cordonnier, et limitée par un sentier et la voie
publique. Cette parcelle est assujettie à un cens de *deux sous* et *six
deniers* barcelonais que perçoit Jacques Nègre, notaire, et aux droits
de lods, de directe et de foriscap, perçus par ledit seigneur de
Fenouillet.

Les témoins de l'acte furent : Estève Canisser, et François Baralo,
clercs, de Perpignan. L'acte fut rédigé par Pierre Sapte, notaire.

Sit omnibus notum quod ego Vincentius Salelles, textor
Perpiniani, gratis et ex certa scientia confiteor et in veritate
recognosco vobis nobili domino Andree de Fonolleto, Dei
gratia vicecomiti de Insula et de Caneto, domino de Castro
Rossilione, quod ego teneo et possideo quamdam vineam
meam, in terminis Beate Marie dicti Castri situatam, loco
vocato *Almissarra*. Et affrontat ex una parte in tenentia Bernardi Regis, notarii, et ex alia in tenentia Arnaldi Royra,
sutoris, Perpiniani, et ex alia in quodam cenderio, et ex alia
in via publica. In et super qua Jacobus Nigri, notarius Perpiniani, recipit duos solidos et sex denarios barchinonenses
censuales in festo Sancti Michaelis mensis septembris; et
vos, dictus nobilis, foriscapium, laudimium et directum
dominium, totiens quotiens dicta vinea vendatur vel impignoretur in toto vel in parte. Et ideo pro vestris, dicti
nobilis, juribus predictis fore salvis et reservandis perpetuo,
obligo vobis dicto nobili predictam vineam cum omni
melioramento in eadem facto et fiendo.

Quod fuit actum Perpiniani die XIª madii, anno a nativitate Domini Mº CCCº Lº septimo, presentibus pro testibus
Stephano Canisserii, Francisco Baraloni, clericis Perpiniani,
et me, Petro Sapte, notario, qui hec recepi.

## XXI. — **Acte du 11 mai 1357**.

Reconnaissance faite par Jean Vital, jardinier, de Perpignan, au vicomte André de Fenouillet, Seigneur de Castel-Roussillon, pour une vigne et un terrain situés au territoire de Notre-Dame de Castel-Roussillon, au lieu dit *Almissarra*, confrontant les tenures de Léonard Natal, pareur (autrefois à Pierre Titola ou Cisola) ; de Guilhem Just, cordonnier, et de Jean Félix, tisserand. La redevance perçue par Jacques Nègre est de *seize deniers* barcelonais ; le vicomte d'Ille et de Canet perçoit les droits de lods, de directe et de foriscap.

L'acte fut rédigé par-devant Pierre Sapte, notaire, en présence des témoins, Estève Canisser et François Baralo, clercs, de Perpignan.

Sit omnibus notum quod ego Johannes Vitalis, ortolanus Perpiniani, gratis et ex certa scientia confiteor et in veritate recognosco nobili domino Andree de Fonolleto, Dei gratia vicecomiti de Insula et de Caneto, domino de Castro Rossilione, absenti, et vobis, notario infrascripto, ejusdem nomine stipulanti et recipienti, quod ego teneo et possideo quandam vineam meam et terram ejusdem, in terminis Beate Marie de Castro Rossilione situatam, loco vocato *Almissarra*. Et affrontat ex una parte in tenentia Lehonardi Natalis, paratoris, que quondam fuit Petri Titola (ou Cicola), paratoris, et ex alia in tenentia Guillelmi Justi, sutoris, et ex alia in tenentia Johannis Felicis, textoris, et ex alia in quodam cenderio. In et super qua Jacobus Nigri, notarius Perpiniani recipit sexdecim denarios barchinonenses censuales anno quolibet in festo Sancti Michaelis mensis septembris ; et dictus nobilis foriscapium, laudimium et directum dominium, totiens quotiens dicta vinea vendatur vel inpignoretur in toto vel in parte. Unde pro juribus dicti nobilis predictis eidem salvis et reservandis, obligo sibi et suis, in posse vestri, dicti notarii, ut supra stipulantis et recipientis, predictam vineam et terram ejusdem cum omni melioramento facto et fiendo in eadem.

Quod fuit actum Perpiniani die undecima madii, anno a

nativitate Domini M°CCC°L° septimo, presentibus pro testibus Stephano Canisserii, Francisco Baraloni, clericis Perpiniani, et me, Petro Sapte, notario, qui hec recepi.


### XXII. — **Acte du 11 mai 1357.**

Reconnaissance faite par François Pagès, tisserand, de Perpignan, père et administrateur légal de sa femme décédée, Jeanne Bonet, et de sa fille Bonet, au vicomte d'Ille et de Canet, André de Fenouillet, Seigneur de Castel-Roussillon, pour une vigne appartenant à la fille Bonet, et située au territoire de Castel-Roussillon, confrontant les biens de Bernard Apia (Pia), maçon ; d'En Record, jardinier ; d'En Tholza et de Guilhem Jean. Ce terrain est assujetti à un cens annuel de *douze deniers* barcelonais, que perçoit Jacques Nègre, notaire de Perpignan, et aux droits de foriscap, de lods et de directe seigneurie perçus par le seigneur de Fenouillet.

Témoins de l'acte : Guilhem Sartre, pareur, de Perpignan, et Estève Canisser, clerc, de Perpignan. Rédacteur de l'acte : Pierre Sapte, notaire.


Sit omnibus notum quod ego Franciscus Pagesii, textor Perpiniani, pater et legitimus administrator Bonete filie mee et filie Johane, uxoris mee quondam, gratis et ex certa scientia confiteor et in veritate recognosco vobis nobili domino Andree de Fonolleto, Dei gratia vicecomiti de Insula et de Caneto, domino de Castro Rossilione, quod ego, nomine predicto, teneo et possideo quandam vineam predicte filie mee, in terminis dicti Castri situatam ; confrontatam ex una parte in tenentia Bernardi Apiani[1], peyrerii, et ex alia in tenentia d'En Record, ortolani, et ex alia in tenentia d'En Tholza, et ex alia in tenentia Guillelmi Johannis. In et super qua Jacobus Nigri, notarius Perpiniani recipit duodecim denarios barchinonenses censuales quolibet anno perpetuo in festo Sancti Michaelis septembris ; et vos dictus nobilis, foriscapium, laudimium et directum

---

1. Bernard Pia. Encore un nom de personne rappelant un nom de localité.

dominium, totiens quotiens dicta vinea vendatur, vel inpignoretur in toto vel in parte. Unde pro juribus vestri, dicti nobilis, predictis, vobis et vestris fore salvis, securis et reservandis, obligo, predicto nomine, vobis et vestris, predictam vineam cum omni melioramento facto et fiendo in eadem.

Quod fuit actum Perpiniani die xiᵃ madii, anno a nativitate Domini MᵐCCCᵒLᵒ septimo, presentibus pro testibus Guillelmo Sartore, paratore, Stephano Canisserii, clerico. Perpiniani, et me, Petro Sapte, notario, qui hec recepi.

## XXIII. — **Acte du 12 mai 1357**.

Reconnaissance faite par Pierre Masade, majeur, jardinier de Perpignan, au vicomte d'Ille et de Canet, André de Fenouillet, Seigneur de Castel-Roussillon, pour une vigne, sise au territoire de Castel-Roussillon, au lieu dit *Los Volos*, attenant aux biens fonds de Jean *Domingo* (Dominique), jardinier; de Raymond Arnald, négociant, mineur, et d'Amill, menuisier, et assujettie à un cens de *quatre deniers* de Barcelône, perçus par le seigneur André de Fenouillet.

L'acte fut rédigé le douze mai, en présence des témoins Estève Canisser, clerc, et Pierre Vaquer, négociant de Perpignan, par Pierre Sapte, notaire.

Sit omnibus notum quod ego Petrus Masada, major dierum, ortolanus Perpiniani, gratis et ex certa scientia confiteor et in veritate recognosco vobis nobili domino Andree de Fonolleto, Dei gratia vicecomiti de Insula et de Caneto, domino loci de Castro Rossilione, et vestris, quod ego teneo et possideo quandam vineam meam, in terminis dicti Castri, loco vocato *Los Volos*, confrontatam ex una parte in tenentia Johannis Domingo, ortolani, et ex alia in tenentia Raymundi Arnaldi, mercatoris, junioris, et ex alia in tenentia... Amill, fusterii, et ex alia in quodam cenderio. In et super qua vos, dictus nobilis, recipitis quatuor denarios barchinonenses censuales anno quolibet perpetuo in festo sancti Bartholomei apostoli, et foriscapium, laudimium et directum dominium totiens quotiens dicta vinea vendatur vel inpignoretur in toto vel in parte. Et ideo pro dictis quatuor denariis barchinonensibus censualibus quolibet anno perpetuo dicto termino exsolvendis, aliisque juribus predictis reservandis, obligo vobis dicto nobili et vestris predictam vineam cum omni melioramento facto et fiendo in eadem.

Quod fuit actum Perpiniani, die duodecima madii, anno a nativitate Domini M°CCC°L° septimo, presentibus pro testibus Stephano Canisserii, clerico, Petro Vaquerii, mercatore, Perpiniani, et me, Petro Sapte, notario, qui hec recepi.

### XXIV. — **Acte du 12 mai 1357.**

Reconnaissance faite par GARSENDE PUIG, épouse de Pierre Puig, roulier[1] de Perpignan, et fille de feu Bernard Fabre, de Castel-Roussillon (avec le consentement de son mari), au seigneur André de Fenouillet, SEIGNEUR DE CASTEL-ROUSSILLON, pour un jardin, situé audit territoire, confrontant *le ruisseau de Castel-Roussillon*, le chemin public, et la tenure de l'héritier d'En March ; et pour un autre terrain, · sis au même lieu, attenant aux *coteaux dits* DEL CERTS, à la tenure de Jacques Piquer et à la voie publique. Ces deux parcelles sont assujetties à un cens de *trois sous* barcelonais annuels que perçoit le seigneur André de Fenouillet.

L'acte fut rédigé à Perpignan, par-devant les témoins Étienne Canisser, et François Baralo, clercs de Perpignan, et par Pierre Sapte, notaire.

Sit omnibus notum quod ego Garsendis, uxor Petri Podii[2], traginerii Perpiniani filiaque Bernardi Fabri, loci de Castro-Rossilione, quondam, gratis et ex certa scientia, de voluntate dicti viri mei, presentis et laudantis, confiteor et in veritate recognosco vobis nobili domino Andree de Fonolleto, Dei gratia vicecomiti de Insula et de Caneto, domino Castri-Rossilionis, quod ego teneo et possideo quendam ortum meum, in terminis dicti Castri situatum, confrontatum ex

---

1. Littéralement : conducteur de caravanes de mulets : dans le haut canton, le commerce se faisait à dos de mulets.

2. Pierre Puig.

una parte in recho de Castro Rossilione, et ex alia in via
publica, et ex alia in tenentia heredis d'En March. Jtem
quandam aliam peciam terre in dictis terminis, et affrontat
ex una parte in costis vocatis *del Cerls*, et ex alia in tenentia Jacobi Piquerii et in via publica. In et super quibus vos
recipitis tres solidos barchinonensium censuales quolibet
anno perpetuo in festo sancti Johannis de junio ; et etiam
toriscapium, laudimium et directum dominium totiens quotiens dicti ortus et pecia terre vendantur vel inpignorentur
in toto vel in parte. Et ideo pro dictis tribus solidis barchinonensium censualibus quolibet anno perpetuo dicto festo
vobis vel vestris exsolvendis, aliisque juribus predictis reservandis, obligo vobis et vestris predictos ortum et peciam
terre cum omni melioramento facto et fiendo in eisdem.

Quod fuit actum Perpiniani, die duodecima madii, anno
a nativitate Domini M°CCC°L° septimo, presentibus pro
testibus Stephano Canisserii, Francisco Baraloni, clericis
Perpiniani, et me, Petro Sapte, notario, qui hec recepi.

### XXV. — **Acte du 13 mai 1357**.

Reconnaissance faite par Pierre de Durefort, habitant Perpignan, au
vicomte d'Ille et de Canet, le noble André de Fenouillet, Seigneur de
Castel-Roussillon, pour une vigne sise à Castel-Roussillon, confrontant les tenures d'En March et d'En Aganet, jardiniers, et assujettie
à un cens de *douze deniers* barcelonais que Jacques Nègre, notaire de
Perpignan, perçoit annuellement, et aux droits de directe seigneurie,
de lods et de foriscap perçus par ledit seigneur André de Fenouillet.

L'acte fut rédigé par Pierre Sapte, notaire, en présence des témoins
Estève Canisser, et François Barala, clercs de Perpignan.

Sit omnibus notum quod ego Petrus de Duroforti, com-
morans in villa Perpiniani, gratis et ex certa scientia confiteor et in veritate recognosco vobis nobili Andree de Fonolleto, Dei gratia vicecomiti de Insula et de Caneto, domino
de Castro Rossilione et vestris, quod ego teneo et possideo
quandam vineam in terminis dicti Castri situatam, confron-

tatam ex una parte in tenentia d'En March, et ex alia in tenentia d'En Aganet, ortolan... In et super qua Jacobus Nigri, notarius Perpiniani, recipit duodecim denarios barchinonenses censuales anno quolibet in festo sancti Michaelis mensis septembris; et vos, dictus nobilis, recipitis foriscapium, laudimium et directum dominium totiens quotiens dicta vinea vendatur vel inpignoretur in toto vel in parte. Et ideo pro juribus vestris, dicti nobilis, predictis, vobis et vestris salvis et reservandis, obligo vobis et vestris predictam vineam cum omni melioramento facto et fiendo in eadem.

Quod fuit actum Perpiniani, die tercia decima madii, anno a nativitate Domini M°CCC°L° septimo, presentibus pro testibus Stephano Canisserii, Francisco Baralano, clericis Perpiniani, et me, Petro Sapte, notario, qui hec recepi.

### XXVI. — **Actes du 17 mai 1357.**

Reconnaissance faite par Bérenger Béatrix, pareur de Perpignan, au vicomte André de Fenouillet, Seigneur de Castel-Roussillon, vicomte d'Ille et de Canet.

1° Pour un jardin sis au territoire de Castel-Roussillon, confrontant *le ruisseau du moulin dudit Castel-Roussillon*, et la *rivière de la Tet*, et assujetti à un cens annuel *de douze deniers* au profit de Jacques Nègre, notaire de Perpignan, et aux droits de foriscap, perçus par le seigneur André de Fenouillet, en cas de vente ou d'aliénation ;

2° Reconnaissance faite au seigneur André de Fenouillet, pour une terre *défoncée* (ruptam)[1] qui avait appartenu jadis à Pierre Coq, attenant aux biens de Bérenger de Puig, damoiseau, et de Jacques *Barsalo* ou *Barcelo*, de Castel-Roussillon, et limitée par la voie publique. Ce terrain est assujetti à un cens annuel de *deux deniers* barcelonais que perçoit Jacques Nègre, notaire de Perpignan, et aux droits de foriscap, de lods et directe seigneurie au profit du seigneur André de Fenouillet.

3° Reconnaissance... pour une parcelle de terre, sise au territoire de Castel-Roussillon, ayant appartenu jadis à *dame Graner*, confrontant les tenures de Pierre Vallespir, jardinier, et de Bernard Rayners. Jac-

---

1. Nous avons déjà vu qu'il y avait un lieu dit (ruptam); cette expression peut se traduire par (terrain) ruptam, ou terrain béché, défriché.

ques Nègre, notaire de Perpignan, perçoit un cens annuel de *douze deniers* barcelonais, et le vicomte d'Ille et de Canet perçoit les droits de foriscap, de lods et de directe.

4° Reconnaissance... pour une pièce de terre, sise au terroir de Castel-Roussillon, au lieu dit ARBEVEST, attenant aux tenures de Raymond Ysern, habitant de Cabestany, et de Bernard PROVINCIAL, brasseur de Perpignan. Ce terrain est assujetti à un cens annuel de *six deniers* barcelonais perçus par Jacques Nègre, et aux droits de foriscap, de lods et de directe seigneurie au profit du *noble* seigneur André de Fenouillet.

5° Reconnaissance au dit seigneur... pour une pièce de terre sise au même terroir, attenant aux tenures de Jean Colomer, jardinier, et d'En Rayners, habitant de Perpignan. Ce terrain, dit COSTES D'EN DARDER, est assujetti à *six deniers barcelonais* de cens, perçus par ledit notaire, Jacques Nègre, et aux droits de foriscap, de lods et de directe seigneurie, au profit du seigneur foncier.

6° Reconnaissance faite au seigneur André de Fenouillet... pour une vigne sise à Castel-Roussillon, au lieu dit *Alaus* [1], confrontant les tenures de Bernard Jean, prêtre de Perpignan, et de feu Pierre Manse (ou) Mas, de la famille royale de Majorque. Cette parcelle est assujettie à *une obole* barcelonaise, et aux droits de foriscap, de lods et de directe seigneurie, au profit du seigneur André de Fenouillet.

7° Reconnaissance faite au seigneur André de Fenouillet. pour deux pièces de terre contiguës, dont une est plantée en vigne, au lieu dit *Vilanoveta :* ces deux parcelles avaient appartenu jadis à Guilhem Servient. Elles confrontent les tenures de Bernard CABESTANY, de Bérenger Amalrich, de Jacques FOLLA (aujourd'hui Fulla), menuisier, de Raymond MARCAXANES (aujourd'hui Marquixanes), et de Guilhem Servient ; elles sont assujetties à une redevance de *six deniers* barcelonais et aux droits de foriscap, de lods et de directe seigneurie, au profit du seigneur censier.

Pour sauvegarder les droits du seigneur et de tous les personnages censiers ci-dessus désignés, le censitaire donne en garantie ses biens.

L'acte fut signé par les témoins Bérenger Savile, scribe, et François Baralo, clerc de Perpignan, et rédigé par Pierre Sapte, notaire.

1° Sit omnibus notum quod ego Berengarius Beatricis, parator Perpiniani, gratis et ex certa scientia confiteor et in veritate recognosco vobis nobili Andree de Fonolleto, Dei gracia vicecomiti de Insula et de Caneto, domino de Castro Rossilione, et vestris, quod ego teneo et possideo quendam

---

1. Plus loin, le mot prend sa vraie signification (*alous*), alleux.

ortum in terminis dicti Castri, confrontatum ex una parte
in recho molendini dicti Castri, et ex alia in flumine Thetis.
In et super quo Jacobus Nigri, notarius Perpiniani, recipit
duodecim denarios censuales anno quolibet perpetuo festo
Sancti Bartholomei apostoli; et vos, dictus nobilis, foriscapium totiens quotiens dictus ortus vendatur vel inpignoretur in toto vel in parte.

2° Item quandam ruptam que quondam fuit Petri Coqui;
et affrontat ex una parte in tenentia Berengarii de Podio,
domicelli, et ex alia in tenentia Jacobi Barsaloni[1], de Castro
Rossilione, et ex alia in via publica. In et super qua Jacobus Nigri, notarius Perpiniani recipit duos denarios barchinonenses censuales anno quolibet in festo Sancti Bartholomei apostoli; et vos, dictus nobilis, recipitis foriscapium,
laudimium et directum dominium, totiens quotiens dicta
rupta vendatur vel inpignoretur in toto vel in parte.

3° Item unam faxiam terre in dictis terminis, que quondam fuit de Na Granera, confrontatam ex una parte in tenentia Petri Vallespirii, ortolani, et ex alia in tenentia Bernardi
Rayners. In et super qua dictus Jacobus Nigri, notarius
Perpiniani, recipit duodecim denarios barchinonenses censuales quolibet anno perpetuo in festo Sancti Bartholomei
apostoli; et vos, dictus nobilis, foriscapium, laudimium et
directum dominium totiens quotiens dicta faxia terre vendatur vel inpignoretur in toto vel in parte.

4° Item, quandam peciam terre in dictis terminis situatam, loco vocato *Arevest*[2], confrontatam ex una parte in
tenentia Raymundi Yserni loci de Capitestagno, et ex alia
in tenentia Bernardi Provincialis, brasserii de Perpiniano,
et ex alia in recho. In et super qua dictus Jacobus Nigri recipit sex denarios barchinonenses censuales anno quolibet
dicto festo Sancti Bartholomei; et vos, dictus nobilis, foris-

---

1. Jacques Barsalo ou Barcelo.
2. Ou *Arenest*.

capium, laudimium et directum dominium, totiens quotiens dicta pecia terre vendatur vel inpignoretur in toto vel in parte.

5° Item, quandam peciam terre in dictis terminis, loco vocato *Costes d'En Darder*, confrontatam ex una parte in tenentia Johannis Colomerii, ortolani Perpiniani, et ex alia in tenentia d'En Rayners, habitatoris Perpiniani. In et super qua dictus Jacobus Nigri recipit sex denarios barchinonenses censuales anno quolibet dicto festo Sancti Bartholomei; et vos, dictus nobilis, foriscapium, laudimium et directum dominium, totiens quotiens dicta pecia terre vendatur vel inpignoretur in toto vel in parte.

6° Item, quandam vineam in dictis terminis situatam, loco vocato *Alaus*, confrontatam ex una parte in tenentia Bernardi Johannis, presbiteri Perpiniani, et ex alia in tenentia Petri Mansi[1], de familia domini Regis Majoricarum, quondam. In et super qua vos, dictus nobilis, recipitis obolum barchinonensem censualem anno quolibet perpetuo in festo natalis Domini, et etiam foriscapium, laudimium et directum dominium totiens quotiens dicta vinea vendatur vel inpignoretur in toto vel in parte.

7° Item duas pecias terre contiguas in quibus est vinea plantata, in dictis terminis, loco vocato *Vilanovela*, que fuerunt Guillelmi Servientis, quondam, confrontatas ex una parte in tenentia Bernardi Capitis-stagni, et ex alia in tenentia Berengarii Amalrich, et ex alia in tenentia Jacobi Follani, fusterii, et ex alia in tenentia Raymundi Marcaxanes, et ex alia in tenentia Guillelmi Servientis. In et super quibus vos, dictus nobilis, recipitis et recipere consuevistis sex denarios barchinonenses censuales anno quolibet perpetuo in festo Sancti Johannis de junio; et etiam foriscapium, laudimium et directum dominium totiens quotiens dicta vinea vendatur vel inpignoretur in toto vel in parte.

---

1. Mas (nom de personne indiquant un nom de lieu.)

Unde pro juribus vestris, dicti nobilis, omnibus predictis et quolibet jurium ipsorum que recipitis super predictis prediis et quolibet ipsorum, prout predicitur, vobis solvendis, dandis, salvis et reservandis obligo vobis dicto nobili et vestris in predictis successoribus ipsa predia predicta, videlicet quodlibet pro onere suo cum omni melioramento facto et fiendo in eisdem et quolibet ipsorum.

Quod fuit actum Perpiniani die decima septima madii, anno a nativitate Domini M°CCC°L° septimo, presentibus pro testibus Berengario Savila, scriptore, Francisco Baraloni, clerico, Perpiniani, et me, Petro Sapte, notario, qui hec recepi.

Il est intéressant de savoir ce que l'illustre témoin de l'acte, le chevalier Bérenger de Puig, avait fait, il y a quelque trente années, au temps de la rébellion contre la tutelle de Philippe de Majorque : Il avait annulé un lods de vente qu'il possédait en directe seigneurie, et acheté par Raymonde Ysern, veuve de Raymond Ysern, fils de feu Bérenger Ysern, de Cabestany : cette vigne avait été vendue pour le prix de *dix-huit livres* de Barcelone, et était assujettie aux droits de directe, de lods, et de foriscap que Perpignan Sartre et Pierre de Bardol, députés par le Conseil du Roi, avaient perçu pour cette vente.

Cette terre, sise à Castel-Roussillon, au lieu dit *A Bell Royre*, confronte les tenures de Jean Gaucelme, pareur; de Pierre Sapte, boucher, et d'En Auriol, brasseur.

L'acte fut rédigé par Pierre Bérenger, écrivain public de Perpignan, en présence des témoins Antoine Castillo, de Torreilles; Raymond Floris, évêque de Maguelone, et Bernard Reg, souscripteur de l'acte en remplacement du notaire public.

Révocation par Bérenger de Puig, chevalier, du lods de vente d'une pièce
de terre tenue pour lui en directe seigneurie au territoire de Castel-
Roussillon, lieu dit *à Beyl Royre* [1], ledit lods ayant été fait « au temps
de la discorde et rébellion contre la tutelle de Philippe de Majorque »,
par Perpinian Sartre et Pierre de Bardoll, députés par le Conseil du
Roi pour la saisie des biens du dit Béranger ; après quoi, il confirme
en son propre nom ladite vente.

Mai 1326.

Noverint universi quod ego Berengarius de Podio, miles,
sciens et recognoscens tibi Perpiniano Bigordani, fusterio
Perpiniani, tempore discordie et rebellionis tutele domini
Philippi de Maioricis, te emisse a Raymunda, uxore condam Raymundi Yserni, filii condam Berengarii Yserni de
Capite stagno, quandam vineam cum terra in qua est plantata inferius confrontatam, precio decem octo librarum barchinonensium, de qua moneta LXV solidi valent unam mar-
cham argenti fini, recti, pensi Perpiniani, cum instrumento
venditionis inde facto, ut in eo latius continetur ; que quidem vinea pro me directe tenetur, et foriscapium, laudimium
et directum dominium ad me ut directo domino spectat et
pertinet. Quod foriscapium, dicto tempore, Perpinianus Sartoris et Petrus de Bardolio, deputati tunc temporis per con-
silium domini Regis ad laudandum et recipiendum bona
mea, habuerunt et receperunt, et dictam venditionem tibi
laudaverunt. Idcirco de presenti, ex certa scientia, laudimium dictorum Petri de Bardolio et Perpiniani Sartoris,
casso, revoco penitus et anullo tanquam irritum et inane
et nullius valoris ; et nunc de novo laudo, approbo, ratiffico
et confirmo tibi et tuis dictam venditionem tibi factam per
dictam Raymundam precio predicto decem octo librarum.
Et sic de foriscapio mihi pertinenti de predicta venditione,
licet aliud foriscapium solveris dictis Perpiniano Sartori et

---

1. Nous retrouvons plus tard, en 1451, dans les actes du *Capbreu* du
chevalier P. de Perapertusa, seigneur de Castel-Roussillon, ce lieu dit
mentionné plusieurs fois et dans différents actes.

Pétro de Bardolio ut compulsus per curiam, a te per pacatum me teneo, renuntians exceptioni dicti foriscapii non habiti et recepti. Hoc tamen facio salvo jure meo in medio cartono ordei censuali quolibet anno solvendo in festo Sanctorum Petri et Felicis, et in foriscapio quocienscumque vendatur vel inpignoretur in toto vel in parte, et in omnibus et per omnia.

Est autem dicta vinea in terminis de Castro Rossilione, loco vocato *A beyl Royre*, et affrontat ex una parte in tenentia Johannis Gaucelmi, paratoris, et ex alia in tenentia Petri Sapte, macellarii, et ex alia in tenentia d'En Auriol, bracerii.

Actum est hoc quarto chalendas junii anno Domini millesimo trecentesimo vicesimo sexto.

Sig†num Berengarii de Podio predicti, qui hec laudo.

Sig†††na Antonii Castilionis, de Turrillis, Raymundi Floris, episcopatus Magualonensis, testium, et mei Bernardi Reg, qui hec scripsi vice scriptoris publici subscripti.

Ego, Petrus Berengarii, scriptor publicus *Perpiniani*, subscripsi, et hoc sig†num feci[1].

---

1. Archives des Pyr.-Or., B 53. (Liasse). 1182-1328. Famille de Modagons et de Puig.

### XXVII. — **Acte du 22 mai 1357**.

Reconnaissance faite par Perpiniana Cases, fille de Bellstar André, cordonnier à Perpignan, et femme de Pierre Cases, cordonnier à Perpignan (avec le consentement de son mari), au seigneur André de Fenouillet, vicomte d'Ille et de Canet, Seigneur de Castel-Roussillon, pour une vigne sise au territoire de Castel-Roussillon, au lieu dit Carderoles [1], confrontant les tenures d'Arnald Ros, de Perpignan, de Raymond Julia, de la famille royale de Majorque, d'En Dones, jardinier, et de l'héritier de Jacques Fabre, ancien forgeron de Perpignan. Ce terrain est assujetti à un cens de *six deniers* barcelonais, que perçoit Jacques Nègre, notaire de Perpignan, et aux droits de lods, de directe et de foriscap perçus par le seigneur.

Témoins de l'acte : Bernard Mafred, prêtre de Perpignan, et Bérenger Savile, scribe. Rédacteur de l'acte : Pierre Sapte.

Sit omnibus notum quod ego Perpiniana, filia Bellstar Andreu, sutoris Perpiniani, quondam, uxorque Petri Cases, sutoris Perpiniani, gratis et ex certa scientia, de vóluntate dicti viri, presentis confiteor et in veritate recognosco nobili domino Andree de Fonolleto, Dei gratia viccecomiti de Insula et de Caneto, domino Castri Rossilionis, absenti, vobisque notario publico subscripto, nomine dicti nobilis et suorum stipulanti et recipienti, quod ego teneo et possideo quandam vineam meam in terminis dicti Castri, loco vocato *Carderoles*, confrontatam ex una parte in tenentia Arnaldi Ros, de Perpiniano, et ex alia in tenentia Raymundi Juliani, de familia domini Regis Majoricarum, et ex alia in tenentia d'En Dones, ortolani, et ex alia in tenentia heredis Jacobi Fabri, fabri Perpiniani quondam. In et super qua Jacobus Nigri, notarius Perpiniani, recipit sex denarios barchinonenses censuales anno quolibet in festo natalis Domini ; et dictus nobilis recipit foriscapium, laudimium et directum dominium, totiens quotiens dicta vinea vendatur vel inpignoretur in toto vel in parte. Et ideo pro juribus preffati

---

1. Nous retrouvons en 1451 ce lieu dit (Acte du 31 mars 1455, *loco vocato* Carderoles, ou *à les Carderoles* ou *Cap de Caderoles*.

nobilis jam dictis fore salvis et securis et reservandis, proui dictum est, obligo dicto nobili et suis, in posse vestri, dicti notarii, ut supra stipulantis, dictam vineam cum omni melioramento facto et fiendo in eadem.

Quod fuit actum Perpiniani die XXII<sup>a</sup> madii, anno a nativitate Domini M° CCC° L° septimo, presentibus pro testibus Bernardo Mafredi, presbitero Perpiniani, Berengario Savila, scriptore Perpiniani, et me, Petro Sapte, notario, qui hec recepi.

### XXVIII. — **Acte du 23 avril 1357.**

Reconnaissance faite par RAYMOND JACOB, pareur de Perpignan, au seigneur André de Fenouillet, SEIGNEUR DE CASTEL-ROUSSILLON, pour un bois, sis au territoire de Castel-Roussillon, confrontant les tenures de Guilhem Tolza, prêtre de Perpignan; de l'héritier de Jacques Piquer de Castel-Roussillon, et limité par un sentier et la voie publique. Cette forêt est assujettie à un cens de *quatre deniers* barcelonais perçus par Jacques Nègre, notaire de Perpignan, et aux droits de foriscap, de lods et de directe seigneurie au profit du seigneur André de Fenouillet, en cas d'aliénation ou de vente.

L'acte fut passé en présence des témoins Bernard Miafred[1], prêtre de Perpignan, et Bérenger Savile, scribe. Rédacteur de l'acte : Pierre Sapte, notaire.

Sit omnibus notum quod ego Raymundus Jacobi, parator Perpiniani, gratis et ex certa scientia confiteor et in veritate recognosco nobili domino Andree de Fonolleto, Dei gratia vicecomiti de Insula et de Caneto, domino Castri Rossilionis, absenti, vobisque, notario publico subscripto, nomine dicti nobilis absentis et suorum stipulantis et recipientis, quod ego teneo et possideo quoddam nemus in terminis

---

1. Bernard Miafred avait été recteur de l'église de Notre-Dame de Castel-Roussillon en 1345. J'ai transcrit dans une étude sur Castell Rossello la reconnaissance faite à ce prêtre, le 5 août 1368, par Pierre Sirach, brassier à Perpignan, pour une vigne tenue par ce dernier au territoire de Castell Rossello, et pour laquelle il payait un cens annuel de *deux deniers*, plus les droits de foriscap, la dime et les prémices. (H. Aragon, *L'église de N.-D. de C.-Roussillon.* Imprimerie Barrière et C<sup>ie</sup>, éditeurs, Perpignan.)

dicti Castri situatum, confrontatum ex una parte in tenentia Guillelmi Tolzani, presbiteri Perpiniani, et ex alia in tenentia heredis Jacobi Piquerii, quondam, de Castro Rossilione, et ex alia in via publica, et ex alia in quodam senderio. In et super quo Jacobus Nigri, notarius Perpiniani recipit quatuor denarios barchinonenses censuales et rendales anno quolibet perpetuo; et dictus nobilis recipit foriscapium, laudimium et directum dominium, totiens quotiens dictum nemus vendatur vel inpignoretur in toto vel in parte. Et ideo pro juribus dicti nobilis predictis sibi et suis fore salvis et reservandis, obligo dicto nobili et suis, et vobis, dicto notario, ut supra stipulanti et recipienti, predictum nemus cum omni melioramento facto et fiendo in eodem.

Quod fuit actum Perpiniani, die xxiiiiᵃ aprilis, anno a nativitate Domini M°CCC° L° septimo, presentibus pro testibus Bernardo Miafredi, presbiteri, Berengario Savila, scriptore Perpiniani, et me, Petro Sapte, notario, qui hec recepi.

### XXIX. — **Acte du 24 avril 1357**.

Reconnaissance faite par RAYMOND JACOB, pareur de Perpignan, au seigneur André de Fenouillet, vicomte d'Ille et de Canet, SEIGNEUR DE CASTEL-ROUSSILLON, pour un champ sis audit territoire, au lieu dit STANY [1], confrontant les biens-fonds de Barthélemy Jol, négociant, et de dame Ramon Jacques (Jacme) de Perpignan; le champ tenu en franc-alleu par le tenancier et le *ruisseau de l'*ÉTANG DE CASTEL-ROUSSILLON. Jacques Nègre, notaire à Perpignan, perçoit un cens de *dix-huit deniers* barcelonais; et le vicomte, seigneur de Castel-Roussillon, perçoit les droits de lods, de directe seigneurie et de foriscap.

L'acte fut passé par-devant Pierre Sapte, notaire, en présence des témoins Pierre Bertrand, et Barthélemy Gros, scribes de Perpignan.

Sit omnibus notum quod ego Raymundus Jacobi, parator Perpiniani, gratis et ex certa scientia confiteor et in veritate

---

1. Dans le *Capbreu* de 1451 nous retrouvons, dans les différentes reconnaissances, ce lieu dit : *lo stany, al stany, stany* de Castel Rossello, etc.

récognosco nobili Andree de Fonolleto, Dei gratia vicecomiti de Insula et de Caneto, dominoque de Castro Rossilione, absenti, vobisque notario infrascripto, nomine dicti nobilis absentis et suorum stipulanti et recipienti, quod ego teneo et possideo quendam campum in terminis dicti Castri, loco vocato *Slany*, et affrontat ex una parte in tenentia Bartholomei Joli, mercatoris, et ex alia in tenentia de Na Ramon Jacme, mulieris de Perpiniano, et ex alia in quodam alio campo meo alodiali, et ex alia in aculea stagni de Castro Rossilione. In et super quo Jacobus Nigri, notarius Perpiniani, recipit decem octo denarios barchinonenses censuales et rendales quolibet anno perpetuo in festo natalis Domini; et dictus nobilis dominus vicecomes, ut dominus dicti Castri, recipit foriscapium, laudimium et directum dominium, totiens quotiens dictus campus vendatur vel inpignoretur in toto vel in parte. Unde pro juribus predicti nobilis sibi salvis et securis reservandisque, obligo dicto nobili et suis predictum campum cum omni melioramento facto et fiendo in eodem.

Quod fuit actum Perpiniani die xxiiii aprilis, anno a nativitate Domini M° CCC° L° septimo, presentibus pro testibus Petro Bertrandi, Bartholomeo Gros, scriptoribus Perpiniani, et me, Petro Sapte, notario, qui hec recepi.

## XXX. — **Acte du 28 avril 1358**.

Reconnaissance faite par Bernard Vier, jardinier de Perpignan, au Seigneur de Castel Roussillon, le vicomte André de Fenouillet, pour une vigne et un terrain d'une contenance d'une demi-aymi-nate, sis au terroir de Notre-Dame de Castel-Roussillon. Cette terre est assujettie à un cens de *six deniers* barcelonais, perçus par Jacques Nègre, notaire, et aux droits de lods, de directe et de foriscap, perçus par le seigneur. Les limites voisines comprennent les biens de Pierre Sitola, pareur de Perpignan, d'En Beliart, marchand forain de Perpignan, un sentier, et la tenure de feu En Traginer, ancien jardinier.

L'acte fut passé devant les témoins Pierre Bertrand et François Baralo, scribes, et rédigé par Pierre Sapte, notaire.

Sit omnibus notum quod ego Bernardus Viera, ortolanus Perpiniani, gratis et ex certa scientia confiteor et in veritate recognosco nobili domino Andree de Fonolleto, Dei gratia vicecomiti de Insula et de Caneto, domino Castri Rossilionis, absenti, et vobis, notario publico subscripto, nomine dicti nobilis absentis et suorum stipulanti et recipienti, quod ego teneo et possideo quandam vineam meam, continentem in se mediam ayminatam terre et terram ejusdem, in terminis Beate Marie dicti Castri. Et affrontat ex una parte in tenentia heredis d'En Traginer, ortolani, quondam, et ex alia in tenentia Petri Sitola, paratoris Perpiniani, et ex alia in quodam senderio, et ex alia in tenentia d'En Beliart, aventurerii de Perpiniano. In et super qua Jacobus Nigri, notarius Perpiniani, recipit et recipere consuevit sex denarios barchinonenses censuales anno quolibet perpetuo in festo natalis Domini; et dictus nobilis dominus foriscapium, laudimium et directum dominium, totiens quotiens dicta vinea vendatur vel inpignoretur in toto vel in parte. Et ideo pro predictis juribus preffati nobilis salvis et reservandis, obligo eidem nobili et suis, in posse vestri, dicti notarii,

et supra stipulantis predictam vineam cum omni melioramento facto et fiendo in eadem.

Quod fuit actum Perpiniani, die vicesima octava aprilis,
anno a nativitate Domini M° CCC° L° octavo, presentibus pro
testibus Petro Bertrandi, Francisco Baraloni, scriptoribus
Perpiniani, et me, Petro Sapte, notario, qui hec recepi.

### XXXI. — Acte du 13 avril 1358.

Reconnaissance faite par Laurent Morer, prêtre, bénéficier de l'église
Saint-Jean, père et administrateur légal de Jeanne Bonel, sa fille,
et de sa femme, décédée, au seigneur André de Fenouillet, vicomte
d'Ille et de Canet, Seigneur de Castel-Roussillon, pour une vigne
sise au terroir de Notre-Dame de Castel-Roussillon, au lieu dit Bell
Royre [1], attenant aux tenures de Bernard Regis, notaire, et de Jacques Vital, jardinier de Perpignan. Ce terrain est assujetti à un cens
de *seize deniers* que Jacques Nègre, notaire, perçoit annuellement,
et aux droits de directe, de lods et de foriscap, perçus par le seigneur
foncier, vicomte d'Ille et de Canet.

L'acte fut rédigé par Pierre Sapte, notaire, en présence des témoins
Pierre Bertrand et François Baralo, clercs de Perpignan.

Sit omnibus notum quod ego Laurentius Morerii, presbiter Perpiniani, in ecclesia Sancti J.... de Perpiniano beneficiatus, pater et legitimus administrator Johanne pupille,
filie mee et Bonete, uxoris mee quondam gratis et ex certa
-scientia confiteor et in veritate recognosco nobili domino
Andree de Fonolleto, Dei gratia vicecomiti de Insula et de
Caneto, domino de Castro Rossilione, absenti, et vobis,
notario publico infrascripto, nomine dicti nobilis absentis
et suorum stipulanti legitime et recipienti, quod ego teneo
et possideo quandam vineam meam et terram ejusdem,
in terminis Beate Marie dicti Castri sitam, loco vocato *Bell
Royre;* et affrontat ex una parte in tenentia que quondam

---

1. Ce lieu dit est mentionné dans plusieurs actes du *Capbreu* de
1451-1456.

fuit Bernardi Regis, notarii, et ex alia in tenentia Jacobi Vitalis, ortolani Perpiniani. In et super qua Jacobus Nigri, notarius Perpiniani, recipit et recipere debet et consuevit sexdecim denarios barchinonenses censuales et rendales anno quolibet perpetuo in festo Sancte Marie mensis septembris; et dictus nobilis foriscapium, laudimium et directum dominium, totiens quotiens dicta vinea vendatur vel inpignoretur in toto vel in parte. Unde pro juribus preffati nomini vicecomitis sibi salvis et reservandis, obligo eidem nobili et suis, in posse vestri, dicti notarii, ut supra stipulantis et recipientis, dictam vineam cum omni melioramento facto et fiendo in eadem.

Quod fuit actum Perpiniani, die tricesima mensis aprilis, anno a nativitate Domini millesimo CCC° L° octavo, presentibus pro testibus Petro Bertrandi et Francisco Baratoni, clericis Perpiniani, et me, Petro Sapte, notario, qui hec recepi.

### XXXII. — Acte du 3 mai 1358.

Reconnaissance faite par Saurine Foyrer, veuve de Pierre Foyrer, de Perpignan, au seigneur André de Fenouillet, Seigneur de Castel-Roussillon, pour un (terrain) au lieu dit *la Casa de Na Brandina*[1] confrontant les tenures de Bernard Ceder, habitant de Perpignan; de Guilhem Jean, jardinier; de Pierre Salvet, pareur: de la femme de Raymond Palet, de Ruppe, et limité par la voie publique. Cette (parcelle)[2] est assujettie à un cens de *six deniers* barcelonais perçus par Jean Nègre, notaire, et aux droits de directe, de lods et de foriscap que perçoit le seigneur censier, vicomte d'Ille et de Canet.

Témoins de l'acte: Pierre Bertrand, scribe, et François Baralo, clerc de Perpignan. Rédacteur de l'acte: Pierre Sapte, notaire.


Sit omnibus notum quod ego Saurina, uxor Petri Foyrerii, foyrerii de Perpiniano quondam, gratis et ex certa scientia confiteor et in veritate recognosco nobili domino

---

1. Dans les actes du *Capbreu* de 1461-56, ces lieux dits sont mentionnés: acte 71, reconnaissance par P. Ortapha, jardinier. — H. Aragon, *Castell Rossello au Moyen âge*, édition Privat, 1916.

2. L'acte ne spécifie pas quelle est la nature du terrain cédé.

Andree de Fonolleto, Dei gratia vicecomiti de Insula et de Caneto, domino de Castro Rossilione, absenti, et vobis, notario publico subscripto, nomine dicti nobilis absentis et suorum stipulantis et recipientis, quod ego teneo et possideo in terminis dicti Castri, loco vocato *la Casa de Na Brandina*; et affrontat ex una parte in tenentia Bernardi Cederii, habitatoris Perpiniani et ex alia in tenentia Guillelmi Johannis, ortolani, et ex alia in via publica, et ex alia in tenentia Petri Salveti, paratoris, et ex alia in tenentia uxoris Raymundi Palet, loci de Ruppe. In et super qua Jacobus Nigri, notarius Perpiniani, recipit sex denarios barchinonenses censuales quolibet anno perpetuo, solvendos in festo natalis Domini; et dictus nobilis foriscapium, laudimium et directum dominium, totiens quotiens vendatur vel impignoretur in toto vel in parte. Et ideo pro juribus dicti nobilis sibi salvis et reservandis, obligo sibi et suis in posse dicti notarii, ut supra stipulantis, predictum.....[1] cum omni melioramento facto et fiendo in.....[2]

Quod fuit actum Perpiniani, die tercia madii, anno a nativitate Domini millesimo CCC° L° octavo, presentibus pro testibus Petro Bertrandi, scriptore, Francisco Baraloni, clerico Perpiniani, et me, Petro Sapte, notario, qui hec recepi.

Au sujet de ce nom de lieu plusieurs fois mentionné, nous retrouvons, en 1395, dans le mémoire qui constituait le domaine royal de Roussillon et de Cerdagne, et qui relate les droits et censives que percevait le seigneur Roi, le champ qui avait appartenu à *Na Brandina*, en 1358 : *Camp qui fo de* NA BRANDINA[3].

---

1 et 2. Ici, deux blancs : il n'a pas été spécifié plus haut de quelle pièce de terre il s'agit.

3. Extrait des *Documents* sur la *Géographie physique du Roussillon*, par Alart.

Le roi ne percevait aucun cens sur ce terrain, parce que le gouverneur des comtés de Roussillon et de Cerdagne, *Moss.* Gilabert de Cruyl-

« Del dit camp, qui quascun any se solia arrendar
x llr, no ha ne reeb res lo S. Rey, com aquell tenga e
posseesca lo dit Governador, per compra que'n ha feta ja
en temps del s. rey En P. de bona memoria per preu de
lxxxxix llr, les quals son posades en reebuda en los
comptes d'En Berenguer de Maguerola q° procurador
reyal dels dits comtats. La qual compra feu lodit governador sots certs pactes e condicions, ço es, que'l dit
senyor (le Roi) et tot altre hi pogues correr e fer correr
cavalls, et que pagas lo dit governador cascun any v. s
que fahia de cens lodit camp al dit senyor... »

XXXIII. — Actes du 3 mai 1358.

Reconnaissances faites par Bernard Montilia, habitant de Perpignan,
au seigneur André de Fenouillet, vicomte d'Ille et de Canet, Seigneur de Castel-Roussillon. 1° pour un champ, d'une contenance de
*six cartonates* environ, sis au terroir de Notre-Dame de Castel-Roussillon, au lieu dit l'*Estany*, confrontant un champ du tenancier et
les tenures de Pierre Gaubert, négociant ; d'En Foquet, forgeron ;
de Bernard Rayners, jardinier de Perpignan, d'En Cabaner, et de Jean
Colom, jardinier. Ce champ est assujetti à un cens annuel de *quinze
deniers barcelonais de tern* que perçoit Jacques Nègre, notaire de Perpignan, en vertu de la vente consentie par le damoiseau Guérald
d'Ille, au notaire susdit ; le *noble* seigneur de Castel-Roussillon perçoit les droits de foriscap, de lods et de directe seigneurie.
2° Reconnaissance par Bernard Montilia audit seigneur de Castel-Roussillon pour un champ ayant appartenu jadis à dame Borrio, d'une
contenance de six cartonates, sis au territoire de Castel-Roussillon,
attenant à l'*agouille de l'étang de Castel-Roussillon*, et aux tenures de
Jean Amat, de Perpignan, de Bernard Rayners, et un champ du contractant, situé en amont. Cette terre est assujettie à une redevance
de *douze deniers* de Barcelone annuels et aux droits de foriscap, de
lods et de directe seigneurie.
3° Reconnaissance..... pour un autre champ, d'une demi-ayminate envi-

les, l'avait acheté jadis au seigneur *roi* En P. de *bonne mémoire*, sous
convention formelle que ce champ servirait au roi ou à ses serviteurs
pour dresser ou faire courir des chevaux, et que ledit gouverneur paie-
rait un cens de cinq sous et les droits de directe seigneurie.

ron, sis au même territoire, confrontant les tenures de Pierre Puig, roulier de Perpignan, de la femme de Bernard Jacob, menuisier de Perpignan, de Raymond *Castellet*, damoiseau, et limité par le ruisseau dudit étang. Ce terrain est assujetti à un cens de *six deniers* barcelonais et aux droits de lods, de directe et de foriscap, perçus annuellement par ledit seigneur de Fenouillet, Seigneur de Castel-Roussillon.

L'acte fut rédigé par Pierre Sapte, notaire, en présence de Pierre Bertrand, scribe, et François Baralo, clerc de Perpignan.

§ 1° Sit omnibus notum quod ego Bernardus Montiliani, habitator Perpiniani, gratis et ex certa scientia confiteor et in veritate recognosco nobili domino Andree de Fonolleto, Dei gratia vicecomiti de Insula et de Caneto, domino de Castro Rossilione, absenti, et vobis, notario publico subscripto, nomine dicti nobilis absentis et suorum stipulantis et legitime recipientis, quod ego teneo et possideo quendam campum meum, continentem in se sex cartonatas terre vel circa, in terminis Beate Marie dicti castri sitam, loco vocato *L'Estany*; et affrontat ex una parte in tenentia Petri Jauberti, mercatoris, et ex alia in tenentia d'En Foquet, fabri, et ex alia in tenentia Bernardi Rayners, ortolani Perpiniani, et ex alia in quodam alio campo meo, et ex alia in tenentia d'En Cabaner, et ex alia in tenentia Johannis Colomi, ortolani. In et super quo quidem campo Jacobus Nigri, notarius Perpiniani recipit quindecim denarios barchinonenses de terno censuales et rendales anno quolibet perpetuo in festo natalis Domini, vigore venditionis sibi facte per venerabilem Gueraldum de Insula, domicellum; et dictus nobilis dominus de Castro Rossilione foriscapium, laudimium et directum dominium, totiens quotiens dictus campus vendatur vel inpignoretur in toto vel in parte.

2° Item, teneo et possideo quendam alium campum qui quondam fuit de Na Borriona, continentem in se alias sex quartonatas terre, situm in dictis terminis et loco, confrontatum ex una parte in aculea stagni de Castro Rossilione, et ex alia in tenentia heredis Johannis Amati de Perpiniano, et ex alia in tenentia Bernardi Rayners, et ex alia in dicto alio campo meo superius confrontato. In et super quo dictus nobilis recipit et recipere consuevit duodecim denarios barchinonenses censuales anno quolibet in festo natalis Domini, et foriscapium, laudimium et directum dominium, totiens quotiens dictus campus vendatur vel inpignoretur in toto vel in parte.

3" Item quendam alium campum meum in dictis terminis et loco, continentem in se mediam ayminatam terre vel circa, confrontatum ex una parte in tenentia Petri Podii, traginerii Perpiniani, et ex alia in tenentia uxoris Bernardi Jacobi, fusterii Perpiniani, et ex alia in tenentia Raymundi Castelleti, domicelli, et ex alia in aculea dicti stagni. In et super quo dictus nobilis recipit et recipere debet et consuevit sex denarios barchinonenses censuales quolibet anno perpetuo in dicto festo natalis Domini, et foriscapium, laudimium et directum dominum totiens quotiens dictus campus vendatur vel inpignoretur in toto vel in parte. Et ideo pro juribus dicti nobilis domini de Castro Rossilione sibi salvis, dandis et reservandis, ut dicta sunt, obligo sibi et suis, in posse dicti notarii, ut supra stipulantis, quemlibet campum pro onere suo predicto, cum omni melioramento facto et fiendo in eisdem.

Quod fuit actum Perpiniani die tertia madii, anno a nativitate Domini M" CCC" L" octavo, presentibus pro testibus Petro Bertrandi, scriptore, Francisco Baraloni, clerico Perpiniani, et me, Petro Sapte, notario, qui hec recepi.

## XXXIV. — **Acte du 4 mai 1358.**

Reconnaissance faite par Bernard Simon, pareur, de Perpignan, au vicomte d'Ille et de Canet, Seigneur de Castel-Roussillon, pour une vigne, d'une contenance de six cartonates environ, sise au terroir de Notre-Dame de Castel-Roussillon, au lieu dit *Bell Royre*[1], confrontant les tenures de Bernard Masade, jardinier; de Bernard Bonnet, jardinier; de Guilhem Joglar[2], cordonnier de Perpignan; de dame *Bell Vesina* (mulier) de Perpignan, et de Bernard Palat, jardinier. Ledit notaire Jacques Nègre perçoit un cens annuel d'*un denier* barcelonais; et ledit *noble Seigneur de Castel-Roussillon* perçoit les droits de foriscap, de lods et de directe.

Témoins de l'acte : P. Bertrand et F. Barallo, clerc de Perpignan. Pierre Sapte, notaire.

Sit omnibus notum quod ego Bernardus Simonis, parator ville Perpiniani, gratis et ex certa scientia confiteor et in veritate recognosco nobili domino Andree de Fonolleto, Dei gratia vicecomiti de Insula et de Caneto, domino de Castro Rossilione, absenti, et vobis, notario publico infrascripto, nomine dicti nobilis absentis et suorum stipulanti legitime et recipienti, quod ego habeo, teneo et possideo quandam vineam meam et terram ejusdem, continentem in se sex cartonatas terre vel circa, in terminis Beate Marie de Castro Rossilione situatam, loco vocato *Bell Royre ;* et affrontat ex una parte in tenentia Bernardi Masada, ortolani, et ex alia in tenentia Bernardi Boneti, ortolani, et ex alia in tenentia de Na *Bell-Vesina*, mulieris de Perpiniano, et ex alia in tenentia Guillelmi Joglarii, sutoris Perpiniani, et ex alia in via, et ex alia in tenentia Bernardi Palatii, ortolani. In et super qua Jacobus Nigri, notarius Perpiniani recipit et recipere consuevit unum denarium barchinonensem censualem solvendum quolibet anno perpetuo in festo natalis Domini; et dictus nobilis dominus de Castro Rossilione foriscapium,

---

1. Ce lieu est ainsi désigné dans le *Capbreu* de 1451.

2. Ce nom de personne désigne encore, en catalan, le musicien, directeur des danses (jutglar).

laudimium et directum. dominium ; totiens quotiens dicta vinea vendatur vel inpignoretur in toto vel in parte. Unde pro juribus dicti nobilis predictis eidem salvis et reservandis, obligo ipsi nobili domino vicecomiti, domino predicto, in posse dicti notarii, ut supra stipulantis, predictam vineam cum omni melioramento facto et fiendo in eadem.

Quod fuit actum Perpiniani, die quarta madii, anno a nativitate Domini M° CCC° L° octavo, presentibus pro testibus Petro Bertrandi, scriptore, Francisco Baralloni, clerico, Perpiniani, et me, Petro Sapte, notario, qui hec recepi.

### XXXV. — Acte du 5 mai 1358.

Reconnaissance faite au seigneur de Fenouillet par la veuve PERPINIANA JEAN, fille de Pierre Masade, femme et légataire universelle de Guilhem Jean, ancien jardinier de Perpignan, en vertu d'un testament fait à Perpignan, le 28 août 1347 (année de la Nativité), déposé chez Guilhem Valcerra, notaire à Perpignan ; ladite veuve reconnait au seigneur une vigne d'une demi-ayminate environ, sise au territoire de Castel-Roussillon, au lieu dit *Les Vesselles*, attenant aux biens-fonds de Pierre Salvet, pareur, au tenancier et à la route, moyennant un cens de *six deniers* barcelonais et les droits de directe, de lods et de foriscap, qu'elle s'engage à lui payer annuellement.

L'acte fut rédigé en présence des témoins Bernard Rayners, jardinier ; Jean Bellero, maçon, de Perpignan, par-devant Pierre Sapte, notaire.

Sit omnibus notum quod ego Perpiniana, filia Petri Masade quondam, ortolani, uxorque et heres universalis Guillelmi Johannis, ortolani Perpiniani, quondam, cum testamento inde facto Perpiniani die vicesima octava mensis augusti, anno a nativitate Domini M° CCC° quadragesimo septimo, recepto per Guillelmum Vallcera, notarium Perpiniani ; gratis et ex certa scientia confiteor et in veritate recognosco nobili domino Andree de Fonolleto, Dei gratia vicecomiti de Insula et de Caneto, domino de Castro Rossilione, absenti, vobisque notario publico infrascripto, nomine dicti nobilis absentis et suorum stipulantis legitime et recipientis, quod ego teneo et possideo unam vineam meam et terram ejusdem; continentem in se mediam ayminatam terre, in terminis dicti Castri sitam, loco vocato *Les Vesselles*, confrontatam ex una parte in tenentia Petri Salveti, paratoris, et in duabus partibus in alii duabus... meis, et in via. In et super qua dictus nobilis recipit et recipere consuevit quolibet anno perpetuo sex denarios barchinonenses censuales in festo ...[1], et foriscapium, laudimium et directum dominium tociens quotiens dicta vinea vendatur vel inpignoretur in toto vel in parte. Et ideo pro dictis sex denariis barchinonensibus quolibet anno dicto nobili exsolvendis, aliisque juribus predictis eidem reservandis, obligo eidem nobili et suis, in posse dicti notarii ut supra stipulantis, predictam vineam cum omni melioramento facto et fiendo in eadem.

Quod fuit actum Perpiniani, die quinto madii, anno a nativitate Domini M° CCC° L° octavo, presentibus pro testibus Bernardo Rayners, ortolano, Johanne Belleroni, peyrerio Perpiniani, et me, Petro Sapte, notario, qui hec recepi.

---

1. En blanc.

### XXXVI. — **Acte du 8 mai 1358**.

1° Reconnaissance faite par Jacques de Caselles, négociant de Perpignan, au noble seigneur André de Fenouillet, Seigneur de Castel-Roussillon, pour deux bois (ou forêts) sis au territoire de Castel-Roussillon, au lieu dit *la Orta* (le jardin). Une parcelle de ce bois qui avait appartenu à Jean Colom, jardinier de Perpignan, confronte la voie publique, et les tenures de Bérenger Darsa, des *Frères des Carmes*, et de Jean Béliard, drapier de Perpignan. Ce terrain est assujetti à un cens annuel de [      ][1] *sous*, payables à la Noël, et perçus par Jacques Nègre, notaire de Perpignan, et aux droits de foriscap, de lods et de directe seigneurie perçus par le vicomte André de Fenouillet.

2° Reconnaissance faite audit seigneur par Jacques de Caselles, pour un autre bois, ayant appartenu jadis à feu En Preses, ancien scribe de Perpignan, et attenant aux biens de Jean [Beliard?] drapier à Perpignan, et à une ancienne tenure de Bernard Menestable, forgeron de Perpignan, à la voie publique, et à une parcelle de terre de feu En Joli, ancien cordonnier de Perpignan. Ce bois est assujeti à un cens de *deux sous* barcelonais perçus par Jacques Nègre, notaire, et aux droits de foriscap, de lods et de directe seigneurie perçus par ledit *noble* seigneur André de Fenouillet.

L'acte fut passé en présence des témoins Bernard Rayners, jardinier, et François Baralo, clerc de Perpignan, et rédigé par Pierre Sapte, notaire.


1° Sit omnibus notum quod ego Jacobus de Caselles, mercator Perpiniani, gratis et ex certa scientia confiteor et in veritate recognosco nobili domine Andree de Fonolleto, Dei gratia vicecomiti de Insula et de Caneto, domino de Castro Rossilione, absenti, et vobis, notario publico infrascripto, nomine ipsius nobilis absentis et suorum stipulantis et legitime recipientis, quod ego teneo et possideo dua nemora, in terminis dicti Castri sita, loco vocato *la Orta;* unum quorum fuit Johannis Colomi, ortolani Perpiniani; et affrontat ex una parte in tenentia Berengarii Darsa, et ex alia in tenentia fratrum de Carmelo, et in via publica, et ex duabus partibus in tenentia Johannis Beliardi, draperii Perpiniani.

---

1. La quotité du cens à payer à Jacques Nègre, notaire, est en blanc.

In et super quo Jacobus Nigri, notarius Perpiniani, recipit et recipere consuevit quolibet anno perpetuo... solidos in festo natalis Domini; et dictus nobilis foriscapium, laudimium et directum dominium totiens quotiens dictum nemus vendatur vel inpignoretur in toto vel in parte.

2° Item aliud nemus quod fuit d'En Preses, scriptoris Perpiniani quondam, et affrontat ex una parte in tenentia Johannis [Beliardi?], draperii Perpiniani, et ex alia in tenentia que quondam fuit Bernardi Menestabli, fabri Perpiniani, et ex alia in via publica, et ex alia in tenentia d'En Joli, sutoris Perpiniani, quondam. In et super quo dictus Jacobus Nigri, notarius, recipit et recipere consuevit anno quolibet duos solidos barchinonenses censuales in festo sancti Bartholomei apostoli ; et dictus nobilis foriscapium, laudimium et directum dominium, totiens quotiens dictum nemus vendatur vel inpignoretur in toto vel in parte.

Unde pro juribus predicti nobilis predictis sibi salvis et reservandis in et super predictis nemoribus, obligo sibi, et suis in posse vestri, dicti notarii, ut supra stipulantis ipsa nemora mea, videlicet quolibet pro onere suo, cum omni melioramento facto et fiendo in eodem.

Quod fuit actum Perpiniani, die octava madii, anno a nativitate Domini M° CCC° L° octavo, presentibus pro testibus Bernardo Rayners, ortolano, Francisco Baraloni, clerico, Perpiniani, et me, Petro Sapto, notario, qui hec recepi.

### XXXVII. — **Acte du 11 mai 1358.**

Reconnaissance faite au seigneur de Fenouillet par Bernard de Vernet, notaire de Perpignan, légataire universel de Raymonde Rière, fille de Pascal Rière, ancien forgeron de Perpignan (suivant un testament déposé chez Bernard Maney, notaire de Perpignan, en date du VI des Calendes de juin 1348), pour une vigne et un terrain situés au terroir de Notre-Dame de Castel-Roussillon, confrontant les tenures de l'héritier de *dame Cugunya*[1], de Guilhem Aybri, jardinier ; de Raymond Jacob, pareur de Perpignan, et de Raymond Maseda, cadet. Jacques Nègre, notaire de Perpignan, perçoit chaque année un cens de *quatre sous barcelonais ;* et le seigneur de Fenouillet percevait les droits de lods, de directe et de foriscap.

Témoins de l'acte : Bernard Rayners, jardinier, et François Balero, clerc de Perpignan. Rédacteur de l'acte : Pierre Sapte, notaire.

Sit omnibus notum quod ego Bernardus de Verneto, notarius Perpiniani, heres universalis Raymunde uxoris mee, filieque Pascalis Riera, fabri Perpiniani, quondam, prout constat per publicum instrumentum inde factum VI° Kalendas junii, anno Domini M° CCC° XXXX° octavo, receptum, clausum et subsignatum per Bernardum Maney, notarium Perpiniani ; gratis et ex certa scientia confiteor et in veritate recognosco nobili domino Andree de Fonolleto, Dei gratia vicecomiti de Insula et de Caneto, domino de Castro Rossilione, absenti, vobisque, notario publico subscripto, nomine dicti nobilis absentis et suorum stipulanti et legitime recipienti, quod ego teneo et possideo quandam vineam meam et terram ejusdem, in terminis Beate Marie dicti Castri sitam, confrontatam ex una parte in tenentia heredis de Na Cugunyana, et ex alia in tenentia Guillelmi Aybrini, ortolani, et ex alia in tenentia Raymundi Jacobi, paratoris Perpiniani, et ex alia in tenentia Raymundi Masada junioris. In et super qua Jacobus Nigri, notarius Perpiniani, recipit et

---

1. Peut-être peut-on voir dans ce nom l'origine du mot Cucugnan (village de l'Aude, canton de Tuchan), où l'on croise à proximité l'ancien château de Queribus.

recipere consuevit quolibet anno perpetuo quatuor solidos barchinonensium censuales in festo natalis Domini; et dictus nobilis foriscapium, laudimium et directum dominium totiens quotiens dicta vinea vendatur vel inpignoretur in toto vel in parte. Unde pro juribus preffati nobilis sibi salvis et reservandis predictis, obligo eidem nobili et suis in posse dicti notarii, ut suprà stipulantis et recipientis, predictam vineam cum omni melioramento facto et fiendo in eadem.

Quod fuit actum Perpiniani, die undecima madii, anno a nativitate Domini M<sup>o</sup> CCC<sup>o</sup> L<sup>o</sup> octavo, presentibus pro testibus Bernardo Rayners, ortolano, Francisco Balcroni, clerico, Perpiniani, et me, Petro Sapte, notario, qui hec recepi.

### XXXVIII. — **Acte du 12 mai 1358.**

1° Reconnaissance faite par Raymond Boys, tisseur de Perpignan, au seigneur André de Fenouillet, Seigneur de Castel-Roussillon, pour deux vignes, sises au terroir de Notre-Dame de Castel-Roussillon, au lieu dit Als Alaus, confrontant les tenures d'En 'Coll, d'En Cols de Cabestany, le tenancier et le chemin dit *de Carles*. Cette terre est assujettie à un cens annuel de *six deniers* perçus par Jacques Nègre, notaire de Perpignan, et aux droits de foriscap, de lods et de directe seigneurie que perçoit le noble seigneur de Fenouillet.

2° Reconnaissance... pour une vigne, attenant aux biens de dame Coll, de dame Rocha, habitant Perpignan; de Pierre Guilhem, de Perpignan, et au tenancier lui-même, assujettie *à trois parts* de foriscap, perçues par le seigneur de Fenouillet.

Témoins de l'acte : Bernard Rayners, jardinier, et François Baralo, clerc de Perpignan. Rédacteur de l'acte : Pierre Sapte.

1° Sit omnibus notum quod ego Raymundus Boys, textor Perpiniani, gratis et ex certa scientia confiteor et in veritate recognosco nobili domino Andree de Fonolleto, Dei gratia vicecomiti de Insula et de Caneto, domino de Castro Rossilione, absenti, vobisque notario publico subscripto, nomine dicti nobilis absentis et suorum legitime stipulanti et recipienti, quod ego teneo et possideo duas [vineas] meas contiguas, in terminis Beate Marie dicti Castri sitas, loco vocato *Als Alaus;* una quarum affrontat ex una parte in itinere *de Carles* [1], et ex alia in tenentia d'En Colla, et ex alia in tenentia d'En Cots, de Capite-stagno, et ex alia in quadam alia vinea mea. In et super qua Jacobus Nigri, notarius Perpiniani recipit et recipere consuevit anno quolibet perpetuo sex denarios barchinonenses censuales in festo Sancti Bartholomei apostoli; et dictus nobilis foriscapium, laudimium et directum dominium, totiens quotiens dicta vinea vendatur vel inpignoretur in toto vel in parte.

2° Item aliam vineam, confrontatam ex una parte in tenentia... de Na Colla, et ex alia in dicta mea vinea superius confrontata, et ex alia in tenentia de Na Rocha, habitatricis Perpiniani, et ex alia in tenentia Petri Guillelmi, habitatoris Perpiniani. In et super qua dictus nobilis dominus recipit tres partes foriscapii, totiens quotiens dicta vinea vendatur vel inpignoretur in toto vel in parte.

Unde pro juribus ipsius nobilis domini predictis salvis et reservandis, obligo sibi et suis, in posse vestri, dicti notarii, ut supra stipulantis, predictas vineas, videlicet quamlibet pro onere suo, cum omni melioramento facto et fiendo in eadem.

Quod fuit actum Perpiniani, die duodecima madii, anno a nativitate Domini M° CCC° L° octavo, presentibus pro testibus Bernardo Rayners, ortolano, Francisco Baraloni, clerico, Perpiniani, et me, Petro Sapte, notario, qui hec recepi.

---

1. Ce chemin est mentionné souvent dans le *Capbreu* de 1451 == via vocata *de Carles.*

## XXXIX. — **Acte du 14 mai 1358**.

Reconnaissance faite par Pierre Cases, roulier de Perpignan, au seigneur André de Fenouillet, Seigneur de Castel-Roussillon, pour un champ, sis au territoire de Notre-Dame de Castel-Roussillon, au lieu dit l'Estany, attenant aux biens de dame *Candelera*, de Jean Colomine, jardinier; de la femme de feu Bernard Jacob, menuisier de Perpignan, et limité par la voie publique, et assujetti à un cens annuel de *dix-huit* deniers, et aux droits de foriscap, de lods et de directe seigneurie, le tout au profit du seigneur foncier, André de Fenouillet.

L'acte fut rédigé par Pierre Saple, notaire, par-devant les témoins Pierre Bertrand, scribe, et Bernard Rayners, jardinier.

Sit omnibus notum quod ego Petrus Cases, traginerius Perpiniani, gratis et ex certa scientia confiteor et in veritate recognosco nobili domino Andree de Fonolleto, Dei gratia vicecomiti de Insula et de Caneto, domino de Castro-Rossilione, absenti, vobisque, notario publico infrascripto, nomine dicti nobilis absentis et suorum legitime stipulanti et recipienti, quod ego teneo et possideo quendam campum meum, in terminis Beate Marie dicti Castri situm, loco vocato l'*Estany*, confrontatum ex una parte in tenentia de Na Candelera, et ex alia in tenentia uxoris Bernardi Jacobi, fusterii Perpiniani, quondam, et ex alia in tenentia Johannis Colomini, ortolani, et ex alia in via. In et super quo dictus nobilis recipit et recipere debet...[1] decem octo denarios barchinonenses censuales solvendos quolibet anno perpetuo in festo natalis Domini; et etiam dictus nobilis recipit et recipere consuevit foriscapium, laudimium et directum dominium, totiens quotiens dictus campus vendatur vel inpignoretur in toto vel in parte. Unde pro predictis dandis, solvendis et reservandis, obligo dicto nobili et suis, in posse dicti notarii, ut supra stipulantis, predictum campum cum omni melioramento facto et fiendo in eodem.

---

1. En blanc.

Quod fuit actum Perpiniani, die quartadecima madii, anno a nativitate Domini M° CCC° L° octavo, presentibus pro testibus Petro Bertrandi, scriptore, Bernardo Rayners, ortolano Perpiniani, et me, Petro Sapte, notario, qui hec recepi.

### XL. — **Acte du 14 mai 1358.**

1° Reconnaissance faite par Pierre Cases, roulier de Perpignan, père et *administrateur* légal de Jacques Cases, son fils, pupille, légataire universel de sa mère décédée, Ermengarde, au seigneur de Fenouillet, Seigneur de Castel-Roussillon, pour deux bois et un terrain, sis au territoire de Notre-Dame de Castel-Roussillon. Une de ces parcelles, située au lieu dit Les Rotes d'En Sans, confronte les tenures du damoiseau Bérenger de Puig, de Pierre Serda, négociant, et de Jean Fabre, de Vilarnau d'*Amont;* elle est assujettie à un cens de *douze deniers* barcelonais que perçoit annuellement Jacques Nègre, notaire de Perpignan, et aux droits de foriscap, de lods et de directe seigneurie perçus par ledit noble *seigneur* de Castel-Roussillon, le vicomte André de Fenouillet.

2° Reconnaissance... au seigneur André de Fenouillet pour un autre bois, au lieu dit Als Orts (les Jardins), confrontant les tenures de Jean Béliard, de la femme de Pierre... jardinier, et de la femme de Pierre Dominique de Cabestany. Ce terrain est assujetti à un cens de *neuf deniers* barcelonais perçus chaque année par ledit Jacques Nègre, notaire, et aux droits de foriscap, de lods et de directe seigneurie que perçoit le seigneur de Fenouillet, en cas d'aliénation ou de vente de ces biens.

L'acte fut passé par-devant les témoins Pierre Bertrand, scribe, et Bernard Rayners, jardinier, et rédigé par Pierre Sapte, notaire.

1° Sit omnibus notum quod ego. Petrus Cases, traginerius Perpiniani, pater et legitimus administrator Jacobi Cases, pupilli, filii mei, et filii et heredis universalis Ermengardis, uxoris mee quondam, gratis et ex certa scientia confiteor et in veritate recognosco nobili domino Andree de Fonolleto, Dei gratia viccomiti de Insula et de Caneto, domino de Castro Rossilione, absenti, vobisque, notario publico subscripto, nomine et vice dicti nobilis absentis et suorum stipulanti legitime et recipienti, quod ego, nomine predicto, teneo et possideo dua nemora et terras eorumdem, in terminis Beate Marie dicti Castri situata. Unum quorum est loco vocato *les Roles d'En Sans*, confrontatum ex duabus partibus in tenentia Berengarii de Podio, domicelli, et ex alia in tenentia Petri Serdani, mercatoris, et ex alia in tenentia Johannis Fabri, de Villarnaldo superiori. In et super quo Jacobus Nigri, notarius Perpiniani, recipit et recipere consuevit duodecim denarios barchinonenses censuales anno quolibet perpetuo in festo Sancti Bartholomei mensis augusti ; et dictus nobilis dominus foriscapium, laudimium et directum dominium totiens quotiens dictum nemus vendatur vel inpignoretur in toto vel in parte.

2° Et aliud nemus quod est in dictis terminis, loco vocato *als Orts*, confrontatum ex una parte in via, et ex alia in tenentia Johannis Beliardi, et ex alia in tenentia uxoris Petri..., ortolani, et ex alia in tenentia uxoris Petri Dominici, de Capitestagno. In et super quo dictus Jacobus Nigri recipit et recipere consuevit anno quolibet perpetuo novem denarios barchinonenses, termino predicto; et dictus nobilis dominus foriscapium, laudimium et directum dominium, totiens quotiens dictum nemus vendatur vel inpignoretur in toto vel in parte.

Et ideo pro juribus dicti nobilis predictis sibi salvis et reservandis, obligeo eidem et suis, in posse vestri, dicti notarii, ut supra stipulantis et recipientis, predicta nemora, videlicet quodlibet pro onere suo, cum omni melioramento facto et fiendo in eisdem.

Quod fuit actum Perpiniani, die quarta decima madii, anno a nativitate Domini M° CCC° L° octavo, presentibus pro testibus Petro Bertrandi, scriptore, Bernardo Rayners, ortolano, et me, Petro Sapte, notario, qui hec recepi.

## \LI. — **Acte du 17 mai 1358**.

Reconnaissance faite par la FEMME de JEAN BONET de Cabestany, fille de
feu Raymond Martell, marchand forain de Perpignan, au seigneur
de Fenouillet, vicomte d'Ille et de Canet, SEIGNEUR DE CASTEL-ROUS-
SILLON, pour un champ sis au territoire de Castel-Roussillon, au lieu
dit *los Alaus* (les Alleux), confrontant les tenures d'En Boxs, tisserand de Perpignan ; de Raymond Gavis, de Cabestany, et la voie publique *de Carles*[1], et assujetti à un cens de *six deniers* barcelonais,
perçus par Jacques Nègre, notaire, et aux droits de foriscap, de lods
et de directe seigneurie que perçoit le seigneur de Fenouillet.

Témoins de l'acte : Pierre Bertrand, scribe, et Bernard Rayners,
jardinier de Perpignan. Rédacteur de l'acte : Pierre Saple, notaire.

Sid omnibus notum quod ego Boneta, uxor Johannis
Boneti, loci de Capite-stagno, filiaque Raymundi Martelli,
aventurerii de Perpiniano, quondam ; gratis et ex certa
scientia confiteor et in veritate recognosco nobili domino
Andree de Fonolleto, Dei gratia viccecomiti de Insula et de
Caneto, domino de Castro Rossilione, absenti, vobisque,
notario publico subscripto, nomine dicti nobilis absentis et
suorum stipulanti et recipienti, quod ego teneo et possideo
quendam campum meum, in terminis Beate Marie dicti
Castri, loco vocato *los Alaus*, confrontatum ex una parte in
tenentia d'En Boxs, textoris Perpiniani, et ex alia in via
publica vocata *de Carles* et ex alia in tenentia Raymundi
Gavisii, loci de Capite-stagno. In et super quo Jacobus
Nigri, notarius Perpiniani, recipit et recipere consuevit sex
denarios barchinonenses censuales, anno quolibet solvendos termino assueto ; et dictus nobilis foriscapium, laudimium et directum dominium, totiens quotiens dictus campus vendatur vel inpignoretur in toto vel in parte. Et ideo
pro juribus dicti nobilis absentis sibi salvis et reservandis,
obligo eidem nobili absenti et suis, in posse dicti notarii

---

1. Ce chemin est fréquemment cité dans le *Capbreu* de 1451 = via
vocata *de Carles, itinere de Carles*.

ut supra stipulantis et recipientis, predictum campum cum omni melioramento facto et fiendo in eodem.

Quod fuit actum Perpiniani, die decima septima madii, anno a nativitate Domini M° CCC° L° octavo, presentibus pro testibus Petro Bertrandi, scriptore, Bernardo Rayners, ortolano, Perpiniani, et me, Petro Sapte, notario, qui hec recepi.

### XLII. — **Acte du 14 mai 1358.**

Reconnaissance faite par JACQUES TORRENT, tailleur de Perpignan, au seigneur André de Fenouillet, SEIGNEUR DE CASTEL-ROUSSILLON, 1° pour une vigne ayant appartenu jadis à feu Pierre Canelles, ancien tisserand de Perpignan, sise à Castel-Roussillon, au lieu dit *Als Volos*, attenant aux tenures de Bernard FUSTER, jardinier ; de Bernard Aganet, jardinier, et de la veuve d'En Borcoll, de Vilarnau, et assujettie à *trois parts* de foriscap perçues par le seigneur de Fenouillet.

2° Reconnaissance... pour un terrain appelé *Coliu* (jadis à la femme d'En Borcoll, de Vilarnau-d'Amont), au lieu dit *Los Volos*, confrontant les biens-fonds de Bernard Aganet, jardinier de Perpignan, de la femme d'En Barcoll, d'En Terrène de Canet, d'En Moli, panetier du roi, et de Bernard Fuster, jardinier. Cette terre est assujettie à un cens annuel de *quatre deniers* barcelonais perçus par Jacques Nègre, et aux droits de foriscap, de lods et de direte seigneurie perçus par le *noble* seigneur de Fenouillet.

Témoins de l'acte : Pierre Bertrand, scribe, et Bernard Rayners, jardinier de Perpignan. Rédacteur de l'acte : Pierre Sapte, notaire.


1° Sit omnibus notum quod ego Jacobus Torren, sartor Perpiniani, gratis et ex certa scientia confiteor et in veritate recognosco nobili domino Andree de Fonolleto, Dei gratia vicecomiti de Insula et de Caneto, domino de Castro Rossilione, absenti, vobisque, notario publico subscripto, nomine et vice dicti nobilis absentis stipulanti et recipienti, quod ego teneo et possideo quandam vineam meam, que fuit Petri Canelles quondam, textoris, in terminis dicti Castri sitam loco vocato *als Volos*[1]. Et affrontat ex una parte in

---

1. Dans le *Capbreu* de 1451, on retrouve souvent le lieu dit *als* Volos ou *los* Volos.

tenentia Bernardi Fusterii[1], ortolani, et ex alia in tenentia Bernardi Aganeti, ortolani, et ex alia in quodam cotivo meo qui quondam fuit uxoris d'En Bor[coll], de Villarnaldo. In et super qua dictus nobilis recipit tres partes foriscapii, totiens quotiens dicta vinea vendatur vel inpignoretur in toto vel in parte.

2° Item quandam peciam terre meam, vocatam *cotiu*, que quondam fuit dicte uxoris d'En Borcoll, dicti loci de Villarnaldo superiori, loco vocato *los Volos*, confrontatam ex una parte in dicta mea vinea superius confrontata, et ex alia in tenentia Bernardi Aganeti, ortolani Perpiniani, et ex alia in quadam alia tenentia uxoris d'En Borcoll, et ex alia in tenentia d'En Terrena, loci de Caneto, et ex alia in tenentia d'En Moliners, panisserii domini Regis, et ex alia in tenentia Bernardi Fusterii, ortolani. In et super qua Jacobus Nigri, notarius Perpiniani, recipit et recipere consuevit quatuor denarios barchinonenses censuales in festo natalis Domini; et dictus nobilis foriscapium, laudimium et directum dominium, totiens quotiens dicta pecia terre vendatur vel inpignoretur in toto vel in parte. Unde pro juribus dicti nobilis domini sibi salvis et reservandis, obligo eidem nobili et suis, in posse vestri, dicti notarii, ut supra stipulantis, dictas vineam et peciam terre, videlicet quamlibet pro onere suo, cum omni melioramento facto et fiendo in eisdem.

Quod fuit actum Perpiniani, die quartadecima madii, anno a nativitate Domini M° CCC° L° octavo, presentibus pro testibus Petro Bertrandi, scriptore, Bernardo Rayners, ortolano, Perpiniani, et me, Petro Sapte, notario, qui hec recepi.

---

1. Nom de personne rappelant une profession = fusterius, menuisier.

### XLIII. — **Acte du 17 mai 1358**.

Reconnaissance faite par Guilhelmine Seguer, femme de Pierre Seguer, jardinier de Perpignan, et fille de feu Guilhem Paulo, roulier de Perpignan, au seigneur de Fenouillet, Seigneur de Castel-Roussillon, pour un bois sis à Castel-Roussillon, confrontant les tenures de Pierre Cazes, roulier de Perpignan ; de dame Cabestany, de Jean Beliard, pareur de Perpignan ; de la rectorie de l'église de Castel-Roussillon et la voie publique. Ce bois est assujetti à un cens de *neuf deniers* que perçoit le seigneur de Fenouillet et aux droits de lods, de directe et de foriscap. Ledit Pierre Seguer, mari de Guilhelmine Seguer, approuve cette reconnaissance.

L'acte, passé en présence des témoins Pierre [          ] et Bernard Rayners, fut rédigé par Sapte, notaire.

Sit omnibus notum quod ego Guillelma, uxor Petri Seguerii, ortolani Perpiniani, presentis et laudantis, filiaque Guillelmi Pauloni, traginerii de Perpiniano, quondam ; gratis et ex certa scientia confiteor et in veritate recognosco nobili domino Andree de Fonolleto, Dei gratia vicecomiti de Insula et de Caneto, domino de Castro Rossilione, absenti, vobisque, notario subscripto, nomine dicti absentis et suorum stipulanti et recipienti, quod ego teneo et possideo quoddam nemus in terminis dicti Castri situatum, confrontatum ex una in parte in tenentia Petri Cases, traginerii Perpiniani, et ex alia in quadam tenentia rectoric ecclesie dicti loci de Castro Rossilione, et ex alia in via publica, et ex alia in tenentia de Na Cabestanya, et ex alia in tenentia Johannis Beliardi, paratoris Perpiniani. In et super quo dictus nobilis recipit et recipere consuevit novem denarios barchinonenses censuales anno quolibet in festo Sancti Bartholomei apostoli ; et foriscapium, laudimium et directum dominium, toticns quotiens dictum nemus vendatur vel inpignoretur in toto vel in parte. Unde pro dictis novem denariis barchinonensibus censualibus anno quolibet perpetuo dicto termino exsolvendis, aliisque juribus predictis eidem reservandis, obligo eidem nobili et suis, in posse vestri, dicti notarii, ut supra stipulantis, predictum nemus cum omni melioramento facto et fiendo in eo.

Et [cum] sum minor XXV annis, major tamen XVI annis, juro per Deum et ejus sancta quatuor evangelia manibus meis corporaliter tacta, adversus predicta nullo tempore contrafacere vel venire ; quinymo [renuncio] juri minoris etatis et beneficio restitutionis in integrum et omni alio legitimo auxilio [quod] me juvare posset. Et ego dictus Petrus Seguerii, maritus dicte Guillelme, hec laudo.

Quod fuit actum Perpiniani, die xvii, madii, anno a nativitate Domini M° CCC" L" octavo, presentibus pro testibus Petro'..., Bernardo Rayners, ortolano, Perpiniani, et me, Petro Sapte, notario, qui predicta recepi.

### XLIV. — **Acte du 17 mai 1358**.

Reconnaissance faite par Ermessende Vigne, femme de Jean-Pierre de Bonpas, et fille de feu Perpignan Vigne, de Bonpas, au seigneur André de Fenouillet, Seigneur de Castel-Roussillon, pour un champ de deux ayminates environ, dont une partie, trois cartonates (45 ares), fut donnée en dot à Guillelmine, femme de Michel Martin, de Bonpas. Ce terrain confronte ledit tenancier, le bien de l'*hôpital de Villalongue*, les tenures de Jean Grillo, de Pierre Marquès, dudit lieu de Bonpas, et est assujetti à un cens d'*une obole* et aux droits de foriscap, de lods et de directe seigneurie que perçoit le seigneur de Fenouillet. Le champ tout entier est situé au territoire de *Saint-Sauveur*[2], au lieu dit *Graxauteres*, et il est contigu à une partie dudit champ limité par les tenures de l'hôpital de Villalongue, de Bérenger Ysern, jurisconsulte de Perpignan ; de Pierre Marquès, dudit lieu de Bonpas, et attenant aux trois cartonates que ledit tenancier a données en dot à sa fille. Ce champ et cette portion de terrain sont assujettis à un *denier barcelonais*, aux droits de lods, de directe et de foriscap au profit du seigneur de Fenouillet.

Témoins de l'acte : Pierre Royre, bayle de la curie ; Jacques Nègre, notaire de Perpignan. Rédacteur de l'acte : Pierre Sapte.

Sit omnibus notum quod ego Ermessendis, filia Perpi-

---

1. Probablement [Bertrandi] qui est témoin de presque tous les actes précédents.

2. Nous retrouvons dans le *Capbreu* de 1451, ce lieu dit, mais amplifié, *Saint-Sauveur-de-Canamals* (sis au territoire de Bonpas).

niani Vinya, loci de Bono Passu, quondam, uxorque Johannis Petri, dicti loci de Bono Passu, cum voluntate dicti viri mei, presentis et laudantis ; gratis et ex certa scientia confiteor et in veritate recognosco nobili domino Andree de Fonolleto, Dei gratia vicecomiti de Insula et de Caneto, domino de Castro Rossilione, absenti, et vobis, notario publico infrascripto, vice et nomine ipsius nobilis absentis et suorum stipulanti et recipienti, quod ego teneo et possideo quendam campum meum, continentem in se duas ayminatas terre, de quibus ego dedi, tempore nuptiarum, Guillelme, filie mee, uxori Michaelis Martini, dicti loci de Bono Passu, tres cartonatas terre. Que dicte tres cartonate affrontant ex una parte in residuo meo dicti campi, et ex alia in tenentia hospitalerii de Villalonga, et ex alia in tenentia Johannis Grilloni, et ex alia in tenentia Petri Marquesii, dicti loci de Bono Passu ; pro qua tenetur facere dicto nobili obolum censualem anno quolibet solvendum in festo natalis Domini, et foriscapium, laudimium et directum dominium, totiens quotiens vendatur vel inpignoretur in toto vel in parte.

Qui quidem totus dictus campus est in terminis Sancti Salvatoris, loco vocato *Graxauteres*, et affrontat residuum dicti campi et ex una parte in tenentia dicti hospital[erii] de Villalonga, ex alia in tenentia Berengarii Yserni, jurisperiti Perpiniani, et ex alia in tenentia Petri Marquesii, dicti loci de Bono Passu, et ex alia in dictis tribus cartonatis terre quas dedi dicte filie mee, ut dictum est. In et super quo recipit dictus nobilis in et super residuo dicti campi unum denarium barchinonensem censualem in dicto festo natalis Domini, et foriscapium, laudimium et directum dominium, totiens quotiens dictus campus vendatur vel inpignoretur in toto vel in parte. Et ideo pro predictis censu et aliis juribus dicti nobilis solvendis, salvis et reservandis, ut predictur, obligo dicto nobili et suis, in posse dicti notarii, ut supra stipulantis, dictum campum cum omni melioramento facto et fiendo in eodem.

Quod fuit actum Perpiniani, die decima septima madii, anno a nativitate Domini M° CCC° L° octavo, presentibus pro testibus Petro Royre, sagione curie vicarii Rossilionis, Jacobo Nigri, notario Perpiniani, et me, Petro Sapte, notario, qui hec recepi.

### XLV. — **Acte du 21 juin 1358.**

1° Reconnaissance faite par la veuve RIGSENDE CABESTANY, fille de Pierre Fabre, de Castel-Roussillon, veuve de Jean CABESTANY, de Cabestany, au seigneur André de Fenouillet, SEIGNEUR DE CASTEL-ROUSSILLON : 1° pour un bois sis à Castel-Roussillon, au lieu dit *la Orta*, attenant au *jardin de Notre-Dame de Castel-Roussillon*, au ruisseau, et aux tenures de *Homdedeu*[1], de Perpignan, et de Jean Béliard, drapier. Ce terrain est assujetti à un cens annuel de *douze deniers* barcelonais que perçoit [      ] probablement Jacques Nègre, notaire, comme il ressort de la teneur de l'acte tout entier.

2° Reconnaissance faite par la veuve Ricsende Cabestany au seigneur de Fenouillet, pour un champ au lieu dit *los Volos*, confrontant des deux côtés la tenure de Pierre Jaubert, et de l'autre partie celle de Bérenger Dorsa, pareur de Perpignan, et limité par les deux routes publiques. Cette terre est assujettie à un cens de *cinq sous* barcelonais que perçoit annuellement Jacques Nègre, notaire.

3° Reconnaissance... pour un champ sis au même territoire, au lieu dit *Alaus*, attenant aux diverses tenures de Bérenger Dorsa, pareur de Perpignan, de feu En Ginis, de Cabestany, dont le fonds est traversé par un sentier et la tenure de la femme d'En Palet, du lieu de *Ruppe*[2]. Jacques Nègre perçoit sur ce terrain un cens annuel de *six deniers* barcelonais ; et le seigneur de Fenouillet, vicomte d'Ille et de Canet, perçoit chaque année les droits de lods, de directe seigneurie et de foriscap.

L'acte fut rédigé à Perpignan par-devant les témoins Pierre Bertrand, scribe, et François Baralo, clerc. Notaire : Pierre Sapte.

Sit omnibus notum quod ego Ricsendis, uxor Johannis Capitistagni, loci de Capitestagno, quondam, filiaque Petri

---

1. Nous retrouvons ce nom de personne dans une reconnaissance faite par G. Macip au seigneur de Castel-Roussillon en 1451. Voir mon *Étude sur Castel-Roussillon au Moyen âge*, édition Privat. Acte du 10 décembre 1455, « Johannis Hominis Dei », p. 171.

2. Peut-être peut-on interpréter le nom de cette localité par *La Roche*, aujourd'hui Laroque (des Albères).

Fabri, loci de Castro Rossilione ; gratis et ex certa scientia confiteor et in veritate recognosco nobili domino Andree de Fonoleto, Dei gratia vicecomiti de Insula et de Caneto, domino de Castro Rossilione, absenti, et vobis, notario publico subscripto, nomine dicti nobilis absentis et suorum stipulantis et recipientis ; quod ego teneo et possideo :

(1°) Primo, nemus in terminis dicti Castri, loco vocato *la Orta*. Et affrontat ex una parte in tenentia orti Beate Marie de Castro Rossilione, et ex alia in recho, et ex alia in tenentia Hominis Dei, de Perpiniano, et ex alia in tenentia Johannis Beliardi, draperii. In et super quo..... [1] recipit et recipere debet duodecim denarios barchinonenses censuales anno quolibet in festo Sancti Bartholomei apostoli.

(2°) Item, unum campum in dictis terminis, loco vocato *los Volos*, et affrontat ex duabus partibus in tenentia Petri Jauberti, et ex alia in tenentia Berengarii Dorsa, paratoris Perpiniani, et in duabus viis publicis. In et super quo Jacobus Nigri, notarius Perpiniani, recipit et recipere consuevit quinque solidos barchinonenses censuales anno quolibet in festo natalis Domini.

(3°) Item, unum campum, in dictis terminis, loco vocato *Alaus*, et affrontat ex una parte in tenentia Berengarii Dorsa, paratoris Perpiniani, et ex alia in tenentia d'En Ginis, loci de Capite-stagno, quodam cenderio in medio, et ex alia in tenentia uxoris d'En Palet, loci de Ruppe. In et super quo dictus Jacobus Nigri recipit et recipere consuevit sex denarios barchinonenses censuales anno quolibet in festo natalis Domini ; et dictus nobilis recipit et recipere consuevit in et super dicto nemore et dictis duobus campis foriscapium, laudimium et directum dominium, totiens quotiens dicti mei campi et nemus vendantur vel inpignorentur in toto vel in parte. Et ideo pro juribus dicti

---

1. Sic : en blanc, probablement [Jacobus Nigri], puisque ledit notaire perçoit tous les autres cens en argent, alors que le seigneur de Fenouillet ne perçoit que les droits de lods de directe et de foriscap.

nobilis sibi salvis, solvendis et reservandis, obligo sibi et suis in posse dicti notarii, ut supra stipulantis, predictos duos campos et nemus, et quem libet ipsorum pro onere suo, cum omni melioramento facto et fiendo in eodem.

Quod fuit actum Perpiniani, die vicesima prima junii, anno a nativitate Domini M° CCC° L° octavo, presentibus pro testibus Petro Bertrandi, scriptore, Francisco Baraloni, clerico, et me, Petro Sapte, notario, qui hec recepi.

### XLVI. — Acte du 21 juin 1358.

1° Reconnaissance faite par Jean Fabre, prêtre bénéficier de l'église Saint-Jacques de Perpignan, légataire universel de dame Alaman, sa mère, née Mathieu d'En Coll, de Castel-Roussillon, au seigneur André de Fenouillet, Seigneur de Castel-Roussillon, pour un bois, au lieu dit *Arenest*, confrontant les tenures de Pierre Raymond, pareur de Perpignan, de la femme de Bérenger Béatrix, pareur de Perpignan, et des deux côtés la rivière de la Têt. Ce terrain est assujetti à un cens annuel de *neuf deniers* barcelonais (*sans autres droits[1]*) que perçoit Jacques Nègre, notaire.

2° Reconnaissance... pour un certain PATUS[2], situé dans le village de Castel-Roussillon : ce local, qui avait appartenu jadis à En Anella, confronte la tenure d'En Olives; d'un côté la voie publique, et des deux autres parties, les biens allodiaux dudit tenancier; il est assujetti uniquement à un cens annuel de *quatre deniers* barcelonais, que perçoit Jacques Nègre, notaire. Ledit bois[3] et ledit local (*patus*) également, sont assujettis aux droits de foriscap, de lods et de directe seigneurie perçus par le *noble* seigneur de Fenouillet.

L'acte fut passé par-devant les témoins Pierre Bertrand, scribe, et François Baralo, clerc. Notaire : Pierre Sapte.

(1°) Sit omnibus notum quod ego Johannes Fabri, presbiter Perpiniani, in ecclesia Sancti Jacobi de Perpiniano beneficiatus, heres universalis domine Alamande, matris mee, filie Mathei Dez Coll de Castro Rossilione, quondam ;

---

1. L'acte stipule que ledit notaire ne perçoit pas les droits de lods et de foriscap, droits réservés au seigneur de Fenouillet (Nichil aliud).

2. Grange découverte pour les animaux de basse-cour.

3. Bois planté dans une terre sablonneuse (*de arena*).

gratis et ex certa scientia confiteor et in veritate recognosco nobili domino Andree de Fonolleto, Dei gratia vicecomiti de Insula et de Caneto, domino dicti Castri Rossilionis, absenti, et vobis, notario publico infrascripto, nomine dicti absentis et suorum stipulanti et recipienti, quod ego teneo et possideo quoddam nemus, loco vocato *Arenesl*, et affrontat ex una parte in tenentia Petri Raymundi, paratoris Perpiniani, et ex duabus partibus in flumine Thetis, et ex alia in tenentia uxoris Berengarii Beatricis, paratoris Perpiniani. In et super quo Jacobus Nigri, notarius Perpiniani, recipit et recipere debet anno quolibet perpetuo novem denarios barchinonenses censuales in festo sancti Bartholomei, apostoli, et nichil aliud.

(2°) Item, quoddam patuum qui fuit d'En Anella, intus locum de Castro Rossilione, confrontatum ex una parte in tenentia d'En Olives, et ex duabus partibus in tenentiis meis alodialibus, et ex alia in via publica. In et super quo dictus Jacobus Nigri recipit et recipere consuevit anno quolibet perpetuo quatuor denarios barchinonenses in festo sancti Bartholomei apostoli, et nichil aliud; dictus vero nobilis vicecomes recipit foriscapium, laudimium et directum dominium toticns quotiens dictum nemus et etiam dictum patuum, vel aliquod eorum, vendantur vel inpignorentur in toto vel in parte. Ea propter obligo preffato nobili vicecomiti absenti et suis. in posse vestri, dicti notarii, ut supra stipulantis, preffatum nemus et etiam patuum pro juribus suis predictis, cum omni melioramento facto et fiendo in eisdem.

Quod fuit actum Perpiniani, die vicesima prima junii, anno a nativitate Domini M° CCC° L° octavo, presentibus pro testibus Petro Bertrandi, scriptore, Francisco Baraloni, clerico, et me Petro Sapte, notario, qui hec recepi.

### XLVII. — **Acte du 5 février 1359.**

Reconnaissance faite par Jean Volona, maçon de Perpignan, au vicomté
d'Ille et de Canet, Seigneur de Castel-Roussillon, pour une vigne
sise au terroir de Castel-Roussillon, au lieu dit *Bell Royre*[1], limitée,
d'une part, par un sentier et la voie publique, et, d'autre part, par
les tenures de Bernard Aganet, jardinier; de Jacques Palera, et de
Bernard Aybrin, laboureur. Cette terre est soumise à un cens de
*huit deniers* barcelonais payés à Jacques Nègre, notaire, et aux droits
de foriscap, de lods et de directe perçus par ledit seigneur.

Témoins de l'acte : Pierre Maney, jardinier, et Guillaume Pierre-
Raymond. tisseur de Perpignan. Notaire : Pierre Sapte.

ANNO L.° NONO

Sit omnibus notum quod ego Johannes Volona, peyrerius
Perpiniani, gratis et ex certa scientia confiteor et in veritate
recognosco nobili domino Andree de Fonolleto, Dei gratia
vicecomiti de Insula et de Caneto, domino de Castro Rossilione, absenti, et vobis, notario publico subscripto, nomine
dicti absentis et suorum stipulanti et recipienti, quod ego
teneo et possideo quandam vineam meam et terram ejusdem, in terminis dicti Castri sitam, loco vocato *Bell Royre*,
et affrontat ex una parte in via publica, et ex alia in tenentia Bernardi Aganeti, ortolani, et ex alia in tenentia Jacobi
Palera, et ex alia in tenentia Bernardi Aybrini, laboratoris,
et in quodam carrerono. In et super qua Jacobus Nigri, notarius Perpiniani, recipit et recipere consuevit octo denarios barchinonenses censuales anno quolibet perpetuo in
festo Sancte Marie mensis septembris ; et dictus nobilis
dominus vicecomes, ut dominus dicti Castri, foriscapium,
laudimium et directum dominium, totiens quotiens dicta
vinea vendatur vel inpignoretur in toto vel in parte. Unde

---

1. Ce nom se retrouve fréquemment dans les reconnaissances faites
par les divers tenanciers en 1451.

pro juribus dicti nobilis domini predictis sibi salvis et
reservandis, obligo sibi et suis, in posse vestri, dicti notarii, ut supra stipulantis et recipientis, predictam vineam
et terram ejusdem, cum omni melioramento facto et fiendo
in eadem.

Quod fuit actum Perpiniani, die quinta februarii, anno
a nativitate Domini M°CCC°L° nono, presentibus pro testibus Petro Maney, ortolano, Guillelmo Petri-Raymundi[1],
textore Perpiniani, et me, Petro Sapte, notario, qui hec
recepi.

<h3 style="text-align:center">XLVIII. — Acte du 8 février 1359.</h3>

Reconnaissance faite par Bérenger Buadella, jardinier de Perpignan,
au seigneur André de Fenouillet, Seigneur de Castel Roussillon,
pour une vigne, sise audit Castel-Roussillon, au lieu dit *Volos*, attenant aux tenures de Jean Dominique, jardinier; d'En Domenech,
tisserand; d'*En Andreu*, de Vilarnau; de l'héritier d'En Garrigue,
jardinier, et de Raymond Arnald, négociant. Ce terrain est assujetti à un cens annuel de *six deniers* barcelonais, perçus par Jacques Nègre, notaire, et aux droits de foriscap, de lods et de directe,
perçus par le noble seigneur de Fenouillet.

L'acte fut passé par-devant les témoins Perpignan Peyrer[2] et
Guilhem Rossilion, cadet, tous deux jardiniers de Perpignan. Rédacteur de l'acte : Pierre Sapte.

Sit omnibus notum quod ego Berengarius Buadella,
ortolanus Perpiniani, gratis et ex certa scientia confiteor
et in veritate recognosco nobili domino Andree de Fonolleto, Dei gratia vicecomiti de Insula et de Caneto, domino
de Castro Rossilione, absenti, et vobis, notario publico
subscripto, nomine dicti absentis et suorum stipulanti et
recipienti, quod ego teneo et possideo quandam vineam
meam, in terminis dicti Castri sitam, loco vocato *Volos*,
confrontatam ex una parte in tenentia Johannis Domingo,

---

1. Guillaume Perramon.

2. Le tenancier a deux noms dont le prénom rappelle une localité et
le nom propre un métier (*peyrer*), maçon.

ortolani, et ex alia in tenentia d'En Domenech, textoris, et ex duabus partibus in tenentia d'En Andreu, loci de Villarnaldo, et ex alia in tenentia heredis d'En Garriga, ortolani, et cum tenentia Raymundi Arnaldi, mercatoris. In et super qua Jacobus Nigri, notarius Perpiniani, recipit et recipere consuevit anno quolibet sex denarios barchinonenses censuales in festo sancti Michaelis mensis septembris; et dictus nobilis foriscapium, laudimium et directum dominium, totiens quotiens dicta vinea vendatur vel inpignoretur in toto vel in parte. Unde pro juribus dicti nobilis supradictis sibi et suis fore salvis et reservandis, obligo sibi et suis in posse vestri, dicti notarii, ut supra stipulantis, predictam vineam cum omni melioramento facto et fiendo in eadem.

Quod fuit actum Perpiniani, die octava februarii, anno a nativitate Domini M°CCC°L° nono, presentibus pro testibus Perpiniano Peyrerii, Guillelmo Rossilionis, juniore, ortolanis Perpiniani et me, Petro Sapte, notario, qui hec recepi.

### XLIX. — **Acte du 8 février 1359.**

Reconnaissance faite par PERPIGNAN PEYRER, jardinier de Perpignan, au seigneur de Fenouillet, SEIGNEUR DE CASTEL-ROUSSILLON, pour une vigne, sise au territoire de Notre-Dame de Castel-Roussillon, confrontant les tenures de Jean Amat, jardinier; de Pierre Serda, de Bérenger Remigos, et de Bernard Massanet, menuisier, et assujettie à un cens annuel de *douze deniers* barcelonais, perçus par Jacques Nègre, notaire, et aux droits de foriscap, de lods et de directe seigneurie que perçoit ledit seigneur de Fenouillet.

Témoins de l'acte : Raymond Palays et Raymond Ripoll, jardinier de Perpignan. Rédacteur de l'acte : Pierre Sapte, notaire.

Sit omnibus notum quod ego Perpinianus Peyrerii, ortolanus Perpiniani, gratis et ex certa scientia confiteor et in veritate recognosco nobili Domino Andree de Fonolleto, Dei gratia vicecomiti de Insula et de Caneto, domino de Castro Rossilione, absenti, et vobis, notario publico infrascripto, nomine dicti nobilis absentis et suorum legitime stipulantis et recipientis, quod ego teneo et possideo quandam vineam meam in terminis Beate Marie dicti Castri sitam, confrontatam ex una parte in tenentia Johannis Amati, ortolani, et ex alia in tenentia Petri Serdani, et ex alia in tenentia Berengarii Remigos, et ex alia in tenentia Bernardi Massaneti, fabri. In et super qua Jacobus Nigri, notarius Perpiniani, recipit et recipere debet et consuevit anno quolibet duodecim denarios barchinonenses censuales festo natalis Domini; et dictus nobilis foriscapium, laudimium et directum dominium, totiens quotiens dicta vinea vendatur vel inpignoretur in toto vel in parte. Unde obligo dicto nobili et suis, in posse dicti notarii, ut supra stipulantis, predictam vineam, pro juribus suis predictis, cum omni melioramento facto et fiendo in eadem.

Quod fuit actum Perpiniani, die octava februarii, anno a nativitate Domini M° CCC° L° nono, presentibus pro testibus Raymundo Palays, Raymundo Ripulli, ortolanis Perpiniani, et me, Petro Sapte, notario, qui hec recepi.


### L. — **Acte du 8 février 1359**.

Reconnaissance faite par Raymonde Palais, fille de feu Bérenger Estève, ancien jardinier de Perpignan, et femme de Raymond Palais, jardinier de Perpignan, avec le consentement de son mari, au seigneur André de Fenouillet, pour une vigne et un champ contigus, sis au territoire de Castel-Roussillon, au lieu dit *Als Volos*, confrontant le *chemin dit de Carles*, un sentier et les tenures de Raymond Bois, tisserand ; de Jean Torrent, maçon, et de Raymond Ripoll, jardinier. Ces terrains sont assujettis à une redevance annuelle de *deux sous*, et aux droits de foriscap, de lods et de directe seigneurie, perçus par le seigneur de Fenouillet.

L'acte fut rédigé à Perpignan par-devant les témoins Bérenger Fabre et Bernard Fabre, jardiniers, par Pierre Sapte, notaire.


Sit omnibus notum quod ego Raymunda, filia Berengarii Stephani, ortolani Perpiniani quondam, uxor Raymundi Palais, ortolani dicte ville, cum voluntate dicti viri mei presentis, ex certa scientia et gratis confiteor et in veritate recognosco nobili domino Andree de Fonolleto, Dei gratia vicecomiti de Insula et de Caneto, domino de Castro Rossilione, absenti, et vobis, notario publico infrascripto, nomine dicti nobilis absentis et suorum stipulanti et recipienti, quod ego teneo et possideo quandam vineam et quendam campum contiguos, in terminis dicti Castri sitam, loco vocato *als Volos*, confrontatam ex una parte cum quodam itinere[1] vocato de Carles, et ex alia in tenentia Raymundi Bois, textore, et in quodam senderio, et ex alia in tenentia Johannis Torrentis, peyrerii, et ex alia in tenentia Raymundi Ripulli, ortolani. In et super quibus dictus nobilis recipit et recipere consuevit duos solidos censuales et rendales anno quolibet in festo natalis Domini, et foriscapium, laudimium et directum dominium, totiens quotiens vendantur vel inpignorentur dicti campus et vinea in toto vel in parte. Et ideo pro predictis duobus solidis anno quolibet dicto festo ipsi nobili et suis exsolvendis, aliisque juribus predictis eidem reservandis, obligo sibi et suis, in posse vestri, dicti notarii, ut supra stipulantis, predictos campum et vineam, cum omni melioramento facto et fiendo in eisdem.

Quod fuit actum Perpiniani, die viii" februarii, anno a nativitate Domini M"CCC"L" nono, presentibus pro testibus Berengario Fabri, Bernardo Fabri, ortolanis Perpiniani, et me, Petro Sapte, notario, qui hec recepi.

---

1. Le mot *senderio* a été barré et remplacé par *itinere*.

### LI. — **Acte du 8 février 1359.**

Reconnaissance faite par Guillelmine Ripoll, fille de feu Bérenger
Estève, ancien jardinier de Perpignan, et femme de Raymond Ripoll.
jardinier, au seigneur de Fenouillet, Seigneur de Castel-Roussillon,
pour une vigne et un champ contigus, sis au dit territoire, au lieu
dit *Volos*, confrontant *la voie publique dite de Carles*, et les tenures
de la femme de Raymond Palais, jardinier; de dame Garrigue, de
Michel Malasanch, roulier, et de Jean Torrent, tous de Perpignan.
Ces terres sont assujetties à un cens annuel de *dix-huit deniers* barcelonais, et aux droits de directe, de lods et de foriscap, au profit
du seigneur censier.

L'acte, approuvé par le mari, Raymond Ripoll, fut rédigé par Pierre
Sapte, notaire, par-devant les témoins Bérenger Fabre et Bernard
Fabre, jardiniers de Perpignan.

Sit omnibus notum quod ego Guillelma, filia Berengarii
Stephani, ortolani de Perpiniano, quondam, uxorque Raymundi Ripulli, ortolani de Perpiniano, gratis et ex certa
scientia, de voluntate dicti viri mei, confiteor et in veritate
recognosco nobili domino Andree de Fonolleto, Dei gratia
vicecomiti de Insula et de Caneto, domino de Castro Rossilione, absenti, et suis, in posse vestri, notarii subscripti,
nomine suo stipulantis et recipientis, quod ego teneo et possideo quandam vineam et quendam campum meos contiguos, in terminis dicti Castri sitos, loco vocato *Volos*, confrontatos ex una parte in tenentia uxoris Raymundi Palais,
ortolani, et ex alia in itinere publico vocato de Carles, et ex
alia in tenentia de Na Garriga, mulieris, et ex alia in tenentia Michaelis Malasanch, traginerii, et Johannis Torrentis,
omnium de Perpiniano. In et super quibus dictus nobilis
recipit et recipere consuevit decem octo denarios barchinonenses censuales anno quolibet in festo natalis Domini, et
foriscapium, laudimium et directum dominium totiens quotiens dicti campus et vinea vendantur, vel inpignorentur
in toto vel in parte. Et ideo pro dictis xviii[o] denariis bar-

chinonensibus censualibus anno quolibet dicto festo exsolvendis, aliisque juribus predictis eidem reservandis, obligo ipsi nobili et suis, in posse vestri, dicti notarii, ut supra stipulantis, predictos campum et vineam, cum omni melioramento facto et fiendo in eisdem. Et ego dictus Raymundus Ripulli hec laudo.

Quod fuit actum Perpiniani, die octava februarii, anno a nativitate Domini M° CCC° L° nono, presentibus pro testibus Berengario Fabri et Bernardo Fabri, ortolanis Perpiniani, et me, Petro Sapte, notario, qui hec recepi.

<h3 align="center">LII. — Acte du 8 février 1359.</h3>

Reconnaissance faite par JEAN CONTESTIN, tisserand de Perpignan, au seigneur de Fenouillet, vicomte d'Ille et de Canet, SEIGNEUR DE CASTEL-ROUSSILLON, pour une vigne et un terrain, sis au terroir de Notre-Dame de Castel-Roussillon, au lieu dit Los Volons, limité par les fonds voisins de François Pagès, tisseur; de Bernard APIA (Pia), maçon de Perpignan; d'En Piquer, de Castel-Roussillon, et de Pierre Carrère, brasseur, et borné par la route publique. Ce terrain est assujetti à une redevance annuelle de *deux deniers* barcelonais que perçoit Jacques Nègre, notaire de Perpignan, et aux droits de lods, de directe et de foriscap, perçus par ledit seigneur.

Témoins de l'acte : Guilhem Joglar[1], cordonnier, et Bernard Franch, scribe de Perpignan. Rédacteur de l'acte : P. Sapte, notaire.

Sit omnibus notum quod ego Johannes Contestini, textor Perpiniani, gratis et ex certa scientia confiteor et in veritate recognosco nobili Andree de Fonolleto, Dei gratia vicecomiti de Insula et de Caneto, domino de Castro Rossilione, absenti, vobisque, notario infrascripto, nomine dicti absentis et suorum stipulanti et recipienti, quod ego teneo et possideo quandam vineam meam et terram in qua est plantata, sitam in terminis Beate Marie dicti Castri, loco vocato *los Volons*, et affrontat ex una parte in tenentia Francisci

---

1. Nom de personne rappelant un métier (*joglar*, musicien) [danses catalanes].

Pagesii, textoris, et ex alia in tenentia Bernardi Apiani, peyrerii Perpiniani, et ex alia in tenentia d'En Piquer, de Castro Rossilione, et cum tenentia Petri Carrera, bracerii, et in via publica. In et super qua Jacobus Nigri, notarius Perpiniani, recipit duos denarios barchinonenses censuales anno quolibet in festo sancti Bartholomei apostoli; et dictus nobilis dominus foriscapium, laudimium et directum dominium, totiens quotiens dicta vinea vendatur vel inpignoretur in toto vel in parte. Unde obligo dicto nobili et suis in posse vestri, dicti notarii, ut supra stipulantis, predictam vineam pro juribus suis predictis, cum omni melioramento facto et fiendo in eadem.

Quod fuit actum Perpiniani, die octava februarii, anno a nativitate Domini M° CCC° L° nono, presentibus pro testibus Guillelmo Joglarii, sutore, Bernardo Franch, scriptore Perpiniani, et me, Petro Sapte, notario, qui hec recepi.


### LIII. — **Acte du 18 février 1359**.

Reconnaissance faite par PIERRE FOQUET, menuisier-charpentier de Perpignan, au noble seigneur André de Fenouillet, SEIGNEUR DE CASTEL-ROUSSILLON, pour un champ, en partie complanté en vigne, sis au terroir dudit Castel, au lieu dit l'Estany [1]; confrontant *l'agouille dudit étang*, et les tenures de Pierre Jau[bert], de Perpignan ; de Thomas Tuxa, de l'héritier de Bernard Gilabert, ancien parcur ; d'En Montella, et d'En Amat, de Castel-Roussillon. Ce terrain est assujetti à un cens annuel de *trois sous*, perçus par Jacques Nègre, notaire, et aux droits de foriscap, de lods et de directe seigneurie perçus par le vicomte de Fenouillet.

L'acte fut rédigé par Pierre Sapte, notaire, en présence des témoins Bernard Franch, scribe de Perpignau, et Barthélemy Gilabert, de Vilarnau d'Amont.


Sit omnibus notum quod ego Petrus Foqueti, faber Perpiniani, gratis et ex certa scientia confiteor et in veritate

---

1. Dans le *Capbreu* de 1451-56, nous retrouvons ces lieux dits : *Sobre l'Estany*, l'*Estany* de Castell Rossello, l'*Estany* d'En Dossa, etc. Cet Estany devait donc, un siècle plus tard, exister encore.

recognosco nobili domino Andree de Fonolleto, Dei gratia vicecomiti de Insula et de Caneto, domino de Castro Rossilione, absenti, et vobis, notario publico infrascripto, nomine dicti absentis et suorum stipulantis et legitime recipientis, quod ego teneo et possideo quendam campum meum in parte cujus est vinea plantata, in terminis dicti Castri, loco vocato *l'Estany*, et affrontat ex una parte in tenentia Petri Jau[berti], de Perpiniano, et cum tenentia Thome Tuxani, et cum tenentia heredis Bernardi Gilaberti quondam, paratoris, et cum tenentia d'En Montella, et ex alia [cum tenentia] d'En Amat, de Castro Rossilione, et cum aculea dicti stagni. In et super qua Jacobus Nigri, notarius Perpiniani, recipit et recipere consuevit, tres solidos annuales anno quolibet in festo Sancti Michaelis septembris; et dictus nobilis recipit foriscapium, laudimium et directum dominium totiens quotiens dictus campus et vinea vendantur vel inpignorentur in toto vel in parte. Unde obligo dicto nobili pro juribus suis predictis, in posse vestri, dicti notarii, ut supra stipulantis, predictos campum et vineam cum omni melioramento facto et fiendo in eisdem.

Quod fuit actum Perpiniani, die octava februarii, anno a nativitate Domini M°CCC°L° nono, presentibus pro testibus Bernardo Franch, scriptore Perpiniani, Bartholomeo Gilaberti, de Villarnaldo Superiori, et me, Petro Sapte, notario, qui hec recepi.

### LIV. — **Acte du 11 février 1359.**

Reconnaissance faite par Guilhem Carrère, boucher de Perpignan, au
seigneur André de Fenouillet, Seigneur de Castel-Roussillon, pour
une vigne, sise audit Castel, confrontant les diverses tenures d'En
Barsalo, de Raymond Arnald, peaussier; d'En *Beatrice*, pareur de
Perpignan, et assujettie à une redevance annuelle d'*une obole*, et aux
droits de foriscap, de lods et de directe seigneurie, en cas d'aliénation ou de vente.

L'acte fut rédigé à Perpignan, par-devant les témoins Bérenger
Cicard, clerc d'*Argelès*, et Bernard Franch, clerc de Perpignan.
Rédacteur de l'acte : Pierre Sapte, notaire.

Sit omnibus notum quod ego Guillelmus Carrera, macellarius Perpiniani, gratis et ex certa scientia confiteor et
in veritate recognosco nobili domino Andree de Fonolleto,
Dei gratia vicecomiti de Insula et de Caneto, domino de
Castro Rossilione, absenti, et vobis, notario publico infrascripto, nomine dicti nobilis absentis et suorum stipulanti
et recipienti, quod ego teneo et possideo quandam vineam
meam, in terminis dicti Castri sitam, confrontatam ex una
parte in tenentia d'En Barsalo, et in duabus partibus in
tenentia Raymundi Arnaldi, pelliperii, et ex alia in tenentia
d'En Beatrice, paratoris Perpiniani. In et super qua dictus
nobilis recipit et recipere consuevit anno quolibet perpetuo
unum obolum censualem, et foriscapium, laudimium et
directum dominium, totiens quotiens predicta vinea vendatur vel inpignoretur in toto vel in parte. Quapropter pro
dicto obolo censuali anno quolibet perpetuo solvendo aliisque juribus predictis reservandis, dicto nobili et suis obligo,
in posse vestri, dicti notarii, ut supra stipulantis, predictam vineam cum omni melioramento facto et fiendo in
eadem.

Quod fuit actum Perpiniani, die undecima februarii, anno
a nativitate Domini M° CCC° L° nono, presentibus pro testi-

bus Berengario Cicardi, clerico de Argileriis, Bernardo
Franch, clerico Perpiniani, et me, Petro Sapte, notario, qui
hec recepi.

LV. — Acte du 12 février 1359.

Reconnaissance faite par Jean Béliard, pareur de Perpignan, au seigneur de Fenouillet, Seigneur de Castel-Roussillon, pour deux bois,
sis au territoire de Notre-Dame de Castel-Roussillon, au lieu dit La
Salancha [1], dont une partie est limitée par les tenures de Pierre
Mercader [2] et de Raymond Laurador [3], drapier, et l'autre partie par
les biens-fonds de Jacques de [          ], négociant; de En Nom de
Deu [4] (Nomdedeu), pareur; de Pierre Cases, de la veuve Pierre Fabre.
Ce bois est assujeti à un cens annuel de *trois sous* barcelonais, que
perçoit Pierre Nègre, notaire, et aux droits de foriscap, de lods et de
directe perçus par le seigneur.

Témoins de l'acte : Bérenger Cicard, clerc d'Argelès, et Bernard
Franch, clerc de Perpignan. Pierre Sapte, rédacteur de l'acte.


Sit omnibus notum quod ego Johannis Beliardi, parator
Perpiniani, gratis et ex certa scientia confiteor et in veritate
recognosco nobili domino Andree de Fonolleto, Dei gratia
vicecomiti de Insula et de Caneto, domino de Castro Rossilione, absenti, in posse vestri, notarii publici subscripti,
nomine ipsius stipulantis et recipientis, quod ego teneo et
possideo duo nemora, in terminis dicti Castri, loco vocato
*la Salancha* [5], sita. Unum quorum affrontat ex una parte in
tenentia Petri Mercaderii, et Raymundi Lauradorii, draperii,
et ex alia in tenentia Jacobi de ....., mercatoris ; aliudque
affrontat ex una parte in tenentia d'En Nom de Deu, para-

---

1. Ce lieu dit se retrouve dans le *Capbreu* de 1451-56, dans plusieurs
reconnaissances (Actes du 17 mai 1456, p. 180; *loco vocato, La Salancha :*
Castell Rossello, édit. Privat).

2. Nom de personne rappelant une profession (*mercader*, négociant).

3. Nom de personne rappelant un métier (*laurador*, laboureur).

4. On trouve encore dans un acte du *Capbreu* Homdedeu (*Hominis
Dei*) ; ce nom se retrouve encore en Roussillon (Nomdedeu, négociant
à Port-Vendres).

5. Ce lieu dit est mentionné plusieurs fois dans les divers actes du
*Capbreu* de 1451-1456.

toris, et ex alia in tenentia Petri Cases, et ex alia in tenentia uxoris Petri Fabri, quondam. In et super quibus Jacobus Nigri, notarius, recipit et recipere consuevit tres solidos barchinonensium censuales anno quolibet in festo Sancti Bartholomei, apostoli ; et dictus nobilis, foriscapium, laudimium et directum dominium, totiens quotiens dicta nemora, vel alterum ipsorum, vendantur vel impignorentur in toto vel in parte. Unde obligo dicto nobili et suis, in posse vestri, dicti notarii, ut supra stipulantis, dicta nemora pro juribus suis predictis eidem reservandis, cum omni melioramento facto et fiendo in eisdem.

Quod fuit actum Perpiniani, die duodecima februarii, anno a nativitate Domini M° CCC° L° nono, presentibus pro testibus Berengario Cicardi, clerico de Argileriis, Bernardo Franch, clerico Perpiniani, et me, Petro Sapte, notario, qui hec recepi.

### LVI. — Acte du 12 février 1359.

Reconnaissance faite par GUILHEM AYBRI, jardinier de Perpignan, au seigneur de Fenouillet, vicomte d'Ille et de Canet, SEIGNEUR DE CASTEL-ROUSSILLON, pour un champ et une vigne contigus, sis audit Castel, au lieu dit CARDEROLES [1], d'une contenance approximative de trois ayminates et demie. Une portion de ce terrain, attenante à la dite vigne, confronte l'*agouille* dudit *étang* et les tenures de Jacques Puig, ayant appartenu jadis à Bérenger Dorsa et Arnald MACELLAR [2], de Cabestany. Le seigneur de Fenouillet perçoit chaque année, sur ces terres, *douze deniers* barcelonais, et les droits de directe, de lods et de foriscap,

L'acte fut rédigé par Pierre Sapte, notaire, en présence des témoins Jean Bla[   ], personnage de la famille royale, et Bérenger Cicard, clerc de Perpignan.

Sit omnibus notum quod ego Guillelmus Aybrini, ortolanus Perpiniani, gratis et ex certa scientia confiteor et in

---

1. Ce lieu dit est mentionné dans un acte du *Capbreu* (Acte L, 1455, *dejus les Carderoles*, *cap de Carderoles* (Acte 36), B. Felice, *Carderoles* (Acte 110), J. Guirau.

2. Nom de personne rappelant une profession (*macellarius*, boucher).

veritate recognosco vobis nobili domino Andree de Fonolleto, Dei gratia vicecomiti de Insula et de Cancto, domino
de Castro Rossilione et vestris, quod ego teneo et possideo
quandam vineam et quendam campum contiguos, in terminis dicti Castri situatos, loco vocato *Carderoles*, conti-
nentes in se tres ayminatas et dimidiam. Et pars dicte vinee
et dicti campi que tenetur pro vobis, dicto nobili, affrontat
cum aliis partibus dicte vinee, et cum aculea dicti stagni, et
cum tenentiis dicti Jacobi Podii, que fuit Berengarii Dorsa
et Arnaldi Macellarii de Capite Stagno. In et super quo
vos, dictus nobilis, recipitis et recipere censuevistis duodecim denarios barchinonenses censuales anno quolibet perpetuo in festo natalis Domini; et foriscapium, laudimium
et directum dominium, toticns quotiens dicti campus et
vinea vendantur vel inpignorentur in toto vel in parte.
Et ideo pro ipsis duodecim denariis barchinonensibus anno
quolibet perpetuo dicto festo vobis nobili domino vicecomiti et vestris exsolvendis, aliisque juribus predictis eidem
reservandis, obligo vobis, dicto nobili, et vestris, predictos
campum et vineam cum omni melioramento facto et fiendo
in eisdem.

Quod fuit actum Perpiniani, die duodecima februarii,
anno a nativitate Domini M° CCC° L° nono, presentibus pro
testibus Johanne Bla...., de familia domini Regis, Berengario Cicardi, clerico Perpiniani, et me, Petro Sapte, notario, qui hec recepi.

## LVII. — **Acte du 13 février 1359**.

Reconnaissance faite par Stéphanie Folla, assistée de son mari Pierre
Folla, au seigneur André de Fenollet, Seigneur de Castel-Roussillon, pour une vigne sise audit Castel, au lieu dit *Carderoles*, assujettie à un cens annuel de *dix-huit deniers* barcelonais que perçoit
Jacques Nègre, notaire de Perpignan, et aux droits de foriscap,
de directe et de lods perçus par ledit seigneur de Fenouillet. Cette
vigne confronte[1] les tenures d'En Imbaut, peaussier; de Bernard
Peyrer[2], tisserand; de l'héritier d'En March, de Castel-Roussillon, et
de l'héritier de feu Pierre Massot, dudit Castel-Roussillon.

L'acte fut rédigé par Pierre Sapte, notaire, par-devant les témoins
Pierre Mamet, jardinier, et Bérenger [Cicard], clerc de Perpignan.

Sit omnibus notum quod ego Stephania, uxor Petri Follani, ortolani Perpiniani, presentis et laudantis, gratis et
ex certa scientia confiteor et in veritate recognosco nobili
domino Andree de Fonolleto, Dei gratia vicecomiti de Insula
et de Caneto, domino de Castro Rossilione, absenti, et vobis,
notario publico infrascripto, nomine dicti nobilis absentis
et suorum stipulantis et recipientis, quod ego teneo et possideo quandam vineam in terminis dicti Castri sitam, loco
vocato *Carderoles*. In et super qua Jacobus Nigri, notarius
Perpiniani, recipit et recipere consuevit decem octo denarios barchinonenses censuales anno quolibet perpetuo in
festo natalis Domini; et dictus nobilis foriscapium, laudimium et directum dominium, totiens quotiens dicta vinea
vendatur vel inpignoretur in toto vel in parte. Et ideo pro
dictis juribus preffati nobilis domini vicecomitis sibi et suis
fore salvis et securis reservandisque in et super dicta vinea,
obligo eidem nobili et suis, in posse vestri dicti notarii, ut

---

1. Généralement les limites des tenanciers voisins sont indiquées
après la désignation du champ ou de la vigne cédée au seigneur. C'est
le seul acte où le cens est mentionné avant la désignation des confrontations. (Le scribe avait dû l'oublier.)

2. Nom de personne indiquant un emploi (peyrer, maçon).

supra stipulantis, predictam vineam cum omni melioramento facto et fiendo in eadem. Et affrontat ipsa vinea ex parte una in tenentia d'En Imbaut, pelliperii, et ex alia in tenentia Bernardi Peyrerii, textoris, et ex alia in tenentia heredis d'En March, loci de Castro Rossilione, quondam, et in tenentia heredis Petri Massoti quondam dicti loci.

Quod fuit actum Perpiniani, die xiii februari, anno a nativitate Domini M° CCC° L° nono, presentibus pro testibus Petro Mameti, ortolano, Berengario [Cicardi], clerico Perpiniani, et me, Petro Sapte, notario, qui hec recepi.

LVIII. — **Acte du 14 février 1359.**

Reconnaissance faite par Pierre Carrère, brasseur de Perpignan, au seigneur de Fenouillet, Seigneur de Castel-Roussillon, pour une vigne sise au terroir de Notre-Dame de Castel-Roussillon, ayant appartenu jadis à En Castello et plus tard à *Vital Natan*[1] juif ; cette vigne est située au lieu dit *los Volos*, et confronte la voie publique et les tenures de Bernard Jaubert, pareur ; de Bernard Apia, maçon ; d'En Contest, tisserand, et de Pierre Fabre ; elle est assujettie à une redevance annuelle de *deux sous* barcelonais, que perçoivent *indivisément* Jacques Nègre de Perpignan, et l'*honorable damoiseau* Bérenger de Puig ; d'autre part, le noble seigneur, vicomte de Fenouillet et le donzell Bérenger de Puig perçoivent les droits de lods, de directe et de foriscap.

Témoins de l'acte : Jean Dominique, jardinier, et Bérenger Citard, clerc de Perpignan ; Pierre Sapte, notaire.

Sit omnibus notum quod ego Petrus Carrera, brasserius Perpiniani, gratis et ex certa scientia confiteor et in veritate recognosco nobili domino Andree de Fonolleto, Dei gratia vicecomiti de Insula et de Caneto, domino de Castro Rossilione, absenti, et vobis, notario publico infrascripto, nomine dicti absentis et suorum stipulanti et recipienti, quod

---

1. C'est le premier acte qui mentionne un Juif dans le registre de notaire : peut-être avait-on déjà appliqué aux Juifs des deux comtés de Roussillon et de Cerdagne l'édit perpétuel qui fut plus tard porté contre leurs coreligionnaires d'Espagne.

ego teneo et possideo quandam vineam meam, in terminis Beate Marie dicti Castri situatam, loco vocato *los Volos*, que quondam fuit d'En Castello et postea Vitalis Natan, judei; confrontatam ex una parte in tenentia Bernardi Jauberti, paratoris, et ex alia in tenentia Bernardi Apiani, peyrerii, et ex alia in tenentia d'En Contesti, textoris, et ex alia in tenentia Petri Fabri, et ex alia in via publica. In et super qua Jacobus Nigri, notarius Perpiniani, et honorabilis Berengarius de Podio, domicellus, recipiunt et recipere consueverunt duos solidos barchinonenses censuales pro indiviso anno quolibet in festo sancti Michaelis mensis septembris; et dicti nobilis dominus vicecomes et Berengarius de Podio foriscapium, laudimium et directum dominium, totiens quotiens dicta vinea vendatur vel inpignoretur in toto vel in parte. Unde pro juribus dictorum nobilis et Berengarii de Podio predictis salvis, securis et reservandis, obligo dictis nobili vicecomiti et domicello, in posse dicti notarii, ut supra stipulantis et recipientis, predictam vineam cum omni melioramento facto et fiendo in eisdem.

Quod fuit actum die quatuordecima februarii, anno a nativitate Domini millesimo CCC° L° nono, presentibus pro testibus Johanne Domingo, ortolano, Berengario Citardi, clerico Perpiniani, et me, Petro Sapte, notario, qui hec recepi.

### LIX. — **Acte du 14 février 1359.**

Reconnaissance faite par RICSENDE DE CABESTANY, femme de Jean Dominique, jardinier de Perpignan, et fille de feu Barthélemy *de Cabestany*, jardinier de Perpignan, avec le consentement de son mari,
au seigneur de Fenouillet, pour deux vignes sises au lieu dit *los
Volos*. (1°) Une de ces parcelles confronte les tenures de Nicolas Malasanch, de Pierre André de Vilarnau et de feu En Vilalongue[1]. Cette
portion de vigne est assujettie à un cens de *six punyeras*[2] *d'orge ras*
que perçoit chaque année Guilhem Pi d'Ille, et aux droits de lods,
de foriscap et de directe seigneurie perçus par le noble seigneur de
Fenouillet.

(2°) La seconde portion de vigne est limitée par les tenures d'En
Domenech, tisserand ; de Pierre Masade, jardinier ; de Bérenger Buadella, jardinier, et de Raymond Arnald, négociant. Ce terrain est
assujetti à *un denier* barcelonais, aux droits de foriscap, de lods et
de directe seigneurie, perçus par ledit seigneur André de Fenouillet,
en cas de vente ou d'aliénation.

L'acte fut passé à Perpignan par-devant les témoins Jean Dominique, jardinier, et Bérenger Cicard, jardinier de Perpignan.

Rédacteur de l'acte, Pierre Sapte, notaire.


Sit omnibus notum quod ego Ricsendis, uxor Johannis
Domingo, ortolani de Perpiniano, filiaque Bartholomei de
Capitestagni, ortolani de Perpiniano, quondam, cum voluntate dicti viri mei gratis et ex certa scientia confiteor et in
veritate recognosco nobili domino Andree de Fonolleto, Dei
gratia vicecomiti de Insula et de Caneto, domino de Castro
Rossilione, absenti, et vobis, notario publico subscripto, nomine dicti nobilis absentis et suorum stipulanti et recipienti, quod ego teneo et possideo duas vineas meas, in
terminis dicti Castri sitas, loco vocato *los Volos*.

---

1. Encore un nom de personne rappelant un village fréquemment
nommé dans le *Capbreu* de 1451 (aujourd'hui Villelongue-de-la-Salan-
que).

2. C'est la première fois que l'on trouve mentionné dans ce registre
un cens en nature ; c'était une mesure pleine, dont on enlevait le sur-
plus du grain au moyen d'une règle droite = *rasora recta sit* RASA =
c'est ce qu'on appelait l'aymine rase, le *carton ras : quartones raserios*
(notaires, n° 2, fol. 4).

(1°) Una quarum affrontat ex una parte in tenentia Nicholay Malasanch, et in duabus partibus in tenentia Petri Andree de Villarnaldo, et ex alia in tenentia d'En Vilalonga quondam. In et super qua Guillelmus Pini, loci de Insula, recipit et recipere consuevit sex punyerias ordi rascrias censuales anno quolibet in festo sancti Bartholomei apostoli; et dictus nobilis laudimium, foriscapium et directum dominium, toticns quoticns dicta vinea vendatur vel inpignoretur in toto vel in parte.

(2") Alia autem vinea affrontat ex una parte in tenentia d'En Domenech, textoris, et ex alia in tenentia Petri Masada, ortolani, et ex alia in tenentia Berengarii Buadella, ortolani, et ex alia in tenentia Raymundi Arnaldi, mercatoris. In et super qua dictus nobilis recipit unum denarium barchinonensem censualem anno quolibet in festo natalis Domini, et foriscapium, laudimium et directum dominium, tociens quociens dicta vinea vendatur vel inpignoretur in toto vel in parte.

Et ideo pro juribus dicti nobilis supradictis eidem reservandis, obligo sibi et suis, in posse dicti notarii, ut supra stipulantis, predictas vineas, quamlibet pro onere suo, cum omni melioramento facto et fiendo in eisdem.

Quod fuit actum Perpiniani, die quartadecima februarii, anno a nativitate Domini M° CCC° L° nono, presentibus pro testibus Johanne Domingo, ortolano, Berengario Cicardi, ortolano Perpiniani; et me, Petro Saple, notario, qui hec recepi.

# APPENDICE

---

TENANCIERS — LEUR NOM — LEUR PROFESSION

FONDS LIMITROPHES — DATE DES ACTES

**Noms de lieu contenus dans le *Capbreu***

(8 février 1356-14 février 1359)

# TENANCIERS — TERRES LIMITROPHES — CENS

## DATE DES ACTES DU *CAPBREU*[1]

**Liste des contractants, témoins, du registre concernant toutes les terres qui composent la Seigneurie du Vicomte *André de Fenouillet*, seigneur de Castel-Roussillon.**

---

I. [          ] (*bois*) 1 cens de *douze deniers* (*bois* ou *forêt*). Acte 13 mars 1357, année de la Nativité.

    Bernard [      ], Jacques [          ], témoins, *sartor*, tailleur.

    En Ysarn DE CABESTANY.

    Bernard [      ], *presbiter*, prêtre.

    Bérenger Dossa, témoin, *parator*, pareur.

II. Bernard Bonet, 1 cens de *douze deniers*, *traginèrius*, roulier. Acte 19 avril 135....

    Antoine Gas[any] (*terre*), lieu dit *Correchs Mallots*, *parator*, pareur.

    Pierre (et) En Cases.

    En Grava (héritier d'), *ortolanus*, jardinier.

    Bérenger Béatrix, *parator*, pareur.

    En Olives, *bla*.....

    Jean Amat, témoin, *ortolanus*, jardinier.

    Raymond Jat.....o, témoin, *ortolanus*, jardinier.

III. G. Goglar (*vigne*), cens, *deux deniers barc.*, *sutor*, cordonnier. Acte 8 février 1356.

    Raymond Aybri, de Castel-Roussillon, lieu dit *Bell Royre*.

    Guilhem Berart.

    Bernard Tnuir.

    Jean Serda.

    Bernard Franch, témoin, *scriptor*, scribe.

    Bérenger Bassagode, témoin, *clericus*, clerc de Perpignan.

IV. Raymond Boquer (*champ*), cens de *douze deniers*, prêtre de l'église Saint-Jacques de Canet. Acte 27 avril 1357.

    Bernard Aganet, lieu dit *Bell Royre*, *bracerius*, brasseur.

---

1. Tous ces actes ont été rédigés par Pierre Sapte, notaire.

En Saorle, *bracerius*, brasseur.

Na Amade (dame Amade).

Bernard Alayso, *parator*, pareur.

Bernard Calvet, *presbiter*, prêtre de Perpignan.

V. Jean Fabre, de Vilarnau d'Avall (*champ*), cens de *dix-huit deniers*. Acte 29 avril 1357.

Jean Mercader, lieu dit *Camp del Clot*, de Vilarnau d'Amont, territoire de Castel-Roussillon.

Barthélemy Gilabert, de Vilarnau d'Amont.

En Soler.

En Orts (héritier d').

En Saulze.

Pierre Proas, témoin, *presbiter*, prêtre.

Bernard Valls, témoin, *causarum procurator*, avocat de Perpignan.

VI. Pierre Ferrer, de Vilarnau d'Avall, pas de cens; droits de lods et de foriscap. Acte 2 mai 1357.

Jean Cabot, lieu dit *Pug Redon* (Promontoire circulaire), de Vilarnau d'Amont.

Veuve Bernard Cardon, de Vilarnau d'Amont.

Jean Fabre, de Vilarnau d'Amont.

Jean URGELL, de Vilarnau d'Amont.

Jacques Nègre, témoin, *notarius*, notaire.

Berenger Savile, *scriptor*, scribe de Perpignan.

VII. Guilhem Imbaud (*deux parcelles vigne*), cens, *trois sous barcelonais*, peaussier. Acte 2 mai 1357.

Antoine Gasany, lieu dit *Cap del Stany*, pareur.

Pierre CANDELER, prêtre.

Bérenger Savile, témoin.

Guilhem Sartre, pareur, *parator*.

VIII. Pierre Ferrer (*vigne*), dite *l'Estany;* cens, *un denier barcelonais*. Acte 2 mai 1357.

Bérenger Savile, témoin, scribe de Perpignan.

Pierre Cabot, de Vilarnau.

IX. Barthélemy Redon, *sartor*, tailleur (*pré*): cens, *quinze deniers*. Acte 4 mai 1357.

En Macip, pareur de draps, lieu dit *Orla*.

Jean Fabre, prêtre.

Pierre Vital, témoin, *pexonerius*, poissonnier.

Bérenger Savila, scribe de Perpignan.

X. Pierre Grava (*vigne et coteau*); cens, *deux deniers* et une poule. Acte 4 mai 1357.

Pierre Scapat, notaire, lieu dit *Correchs dels Maillols* (rédacteur de l'acte).

Bérenger Savile et Pierre Vital, témoins de l'acte.

XI. Jean URGELL, de Vilarnau d'Avall (*vigne et jardin*); cens, *douze deniers*. Acte 9 mai 1357.

Pierre Serda, pareur, lieu dit *Vinyals* (terroir des vignes).

Bernard Fabre, de Vilarnàu d'Amont.

En Finis, de Perpignan.

Damé Na Carlo.

En Gaucelm, ancien pareur.

En Cébrie, de Perpignan.

Bernard Mafred, prêtre, témoin.

Bérenger Savile, scribe, témoin.

XII. Pierre Traner, ouvrier de Perpignan (*vigne*), lieu dit *Los Volos; cens, six deniers*. Acte 9 mai 1357.

Françoise Tallet, femme de Bernard Tallet, cordonnier.

Guillaume CABESTANY, *pelliperius*, peaussier.

Bérenger Savile, scribe, témoin de l'acte.

Barthélemy Mirambell, témoin de l'acte.

XIII. Françoise Traver, femme de Bernard Tallet, cordonnier de Perpignan et fille de Pierre Traver, forgeron de Perpignan (*vigne et terre*), lieu dit *Los Volos; cens, un denier barcelonais*, lieu dit *Los Volos*. Acte 9 mai 1357.

Guilhem CABESTANY, peaussier.

Pierre Sapte, notaire.

Bérenger Savile, témoin,

Barthélemy Mirambell, témoin.

XIV. PERPINIANE Fabre (*vigne*), à Castel-Roussillon; cens, *six deniers barcelonais*. Acte 10 mai 1357.

Bérenger ROSSILIO (Roussillon).

François TUR (Thuir), de Perpignan (ou TURA, village détruit).

Bernard Sobira, ancien maçon.

Bérenger Savile, témoin.

Pierre Salval, pareur, témoin.

XV. Pierre Salval, pareur (*trois vignes*), lieu dit *l'eselles; deux cens, six deniers barcelonais et quatre deniers barcelonais*. Acte 10 mai 1357.

Guilhem SÉRET (Céret) et Guilhem Jean, jardiniers.

Antoine Blanch, pareur.

Estève Canisser.

François Baralo, de Perpignan.

XVI. Étienne Tolza et Bonat Tolza, terre *rupta* (*bosch del Arenesl*); cens, *deux sous*. Acte 11 mai 1357.

Jean Godille, peaussier.

Bernard Rayners, jardinier.

Vincent SALELLES (Salèlles ou Saleilles), tisserand.

Guilhem Just, cordonnier.

XVII. Thomas Moli, PANISSERIUS *inclite Regine Aragonum* (*deux vignes*); *cens, six deniers et trois deniers*, lieu dit *Vila-Novela* (Villeneuve). Acte 11 mai 1357.

Bernard Rayners, tenanciers limitrophes :

En Trasser, menuisier.

Pierre Garsie, peaussier.

Bernard FUSTER, *fusterius* menuisier.

En Masescre, tisserand.

En Ripoll, de Villarnau.

Na Amade, dame Amade.

Estève Canisser, témoins.

François Baralo.

Guilhem Salamo, de Perpignan.

XVIII. Stéphanie Tolza, femme de Bonet Tolza, meunier de Castel-Roussillon (*petit jardin*), lieu dit *Vinyals; cens, un denier.* Acte 11 mai 1357.

Pierre Raymond, fonds voisins (fils de Bernard Raymond, ancien négociant.

Pierre Jaubert, scribe de Perpignan.

Vincent [Salelles], tisserand, témoin.

Guilhem Just, cordonnier de Perpignan.

XIX. Guilhem Just, cordonnier (1 '2 *vigne et terre*), dits *Almissera; cens, seize deniers barcelonais*, plus *deux sous et huit deniers,* perçus par Jacques Nègre sur la totalité du terrain. Acte du 11 mai 1357.

Michel Ade, possesseur d'une partie.

Pierre Raymond, tisserand = tenanciers voisins.

Bernard Régis, notaire.

Jean Vital, jardinier.

Raymond Masade, *macellarius*, boucher.

Bernard Satorre (Sahorre), négociant, témoin.

Estève Canisser, clerc de Perpignan.

XX. Vincent Salelles, tisserand (*vigne*), *Almissarra; cens. deux sous et six deniers.* Acte 21 mai 1357.

Bernard Régis, notaire = fonds voisins.

Arnaud Royre, cordonnier.

Estève Canisser, témoin, clerc.

François Baralo, clerc de Perpignan.

XXI. Jean Vital, jardinier (*vigne et terre*), *Almissarra; cens, seize deniers barcelonais.* Acte 11 mai 1357.

Léonard Natal, pareur, tenanciers limitrophes.

Pierre Titola (ou) Cicola, pareur.

Guilhem Just, cordonnier.

Jean Félix, tisserand.

Estève Canisser, témoin, clerc.

François Baralo, témoin, clerc de Perpignan.

XXII. François Pagès, tisserand (*vigne*), à Castel-Roussillon; cens. *douze deniers.* Acte 21 mai 1357.

Bernard Apia (Pia), maçon, tenancier voisin.

En Record, jardinier.

En Tholza.

Guilhem Jean.

Guilhem *Sartre*, pareur de Perpignan. témoin.

Estève Canisser, clerc de Perpignan.

XXIII. Pierre Masade, jardinier (*vigne*), *Los Volos*; cens, *quatre deniers*. Acte 12 mai 1357.

Jean DOMINIQUE (Domingo), jardinier, voisin.

Raymond Arnald. négociant, cadet.

..... Amill, menuisier.

Pierre Vaquer, négociant, témoin.

Estève Canisser, clerc de Perpignan.

XXIV. Garsende Puig, fille de feu Bernard Fabre, de Castel-Roussillon, femme de Pierre Puig, roulier de Perpignan, lieu dit *Coteaux*, dits DEL CERTS; cens, *trois sous barcelonais*. Acte 12 mai 1357.

En March (héritier d').

Jacques Piquer.

Estève Canisser, témoin.

François Barolo, clerc de Perpignan.

XXV. Pierre de Durefort, de Perpignan (*vigne*); cens, *douze deniers*. Acte 13 mai 1357.

En March, voisin limitrophe.

En Aganel, jardinier.

Estève Canisser, clerc, témoin.

François Baralo, clerc de Perpignan.

XXVI. 1° Bérenger Béatrix, pareur (*jardin*); cens, *douze deniers*. Acte 17 mai 1357.

2° ... (terre défoncée *rupta*); cens, *deux deniers barcelonais*. Même acte. Confrontant les biens de Pierre Coq (ancien possesseur dudit terrain); Bérenger de Puig, donzel; Jacques Barsalo (ou) BARCELO, de Castel-Roussillon; cens. *deux deniers barcelonais*.

3° ... (terre), ancienne tenure de dame Graner; fonds voisins, Pierre VALLESPIR, Bernard Rayners.

Jacques Nègre, notaire de Pespignan; cens, *douze deniers*.

4° ... terre, lieu dit *Arcvest*; cens, *six deniers barcelonais*.

Raymond Ysern, de Cabestany, tenancier voisin.

Bernard PROVINCIAL, brasseur de Perpignan.

5° ... Pièce de terre; cens, *six deniers barcelonais*, lieu dit *Costes d'En Darder*.

Jean Colomer, tenancier limitrophe, jardinier.

En Rayners, de Perpignan.

6° ... Vigne; cens, *une obole barcelonaise*, lieu dit *Alaus*.

Bernard Jean, prêtre de Perpignan, tenancier voisin.

Pierre MANSE (ou) MAS, de la famille royale de Majorque.

7° (deux pièces de terre); cens, *six deniers*, lieu dit *Vila Novela*.

Guilhem Servient, ancien possesseur.

Bernard CABESTANY.

Jacques FOLLA (Fuilla), menuisier.

Raymond MARCAXANES (Marquixanes).

Guilhem Servient.

Bérenger Savile, scribe, et François Baralo, clerc, témoins.

XXVII. PERPIGNANE Cases, femme de Pierre Cases, cordonnier à Perpignan, et fille de BELLESTAR André (Bélesta), cordonnier à Perpignan (*vigne*), lieu dit *Carderoles;* cens, *six deniers barcelonais.* Acte 22 mai 1357.

Arnald Ros, de Perpignan.

Raymond Julia, de la famille royale de Majorque.

En Dorres, jardinier.

Jacques Fabre (héritier de).

Bernard Mafred, prêtre de Perpignan, témoin.

Bérenger Savile, scribe de Perpignan.

XXVIII. Raymond Jacob, pareur (*bois*); cens, *quatre deniers.* Acte 23 avril 1357.

Guilhem Tolza, prêtre de Perpignan, tenanciers limitrophes.

Jacques Piquer (héritier de).

Bernard Miafred, prêtre de Perpignan.

Bérenger Savile, scribe.

XXIX. Raymond Jacob, pareur, champ *Stany* (*étang*); cens, *dix-huit deniers.* Acte 24 avril 1357.

Barthélemy Jol, négociant, voisin.

Dame Raymond Jacques (*mulier*), de Perpignan.

Pierre Bertrand, témoin.

Barthélemy Gros, scribe de Perpignan.

XXX. Bernard Vier, jardinier (*vigne*); cens, *six deniers barcelonais.* Acte 28 avril 1357.

Pierre Sitola, pareur, de Perpignan.

En Beliart, marchand ambulant de Perpignan.

Pierre Bertrand, témoin, scribe.

François Baralo, scribe de Perpignan.

XXXI. Laurent Moner, prêtre bénéficier, *père et administrateur légal* de Jeanne Bonet, sa fille (*vigne*), lieu dit *Bell Royre*; cens, *seize deniers.* Acte, 13 avril 1358.

Bernard Régis, notaire, tenancier voisin.

Jacques Vital, jardinier.

Pierre Bertrand, témoin, clerc.

François Baralo, témoin, clerc de Perpignan.

XXXII. Saurine Foyrer, veuve de Pierre Foyrer, *foyrerius*, lieu dit *Casa de Na Brandina;* cens, *six deniers barcelonais.* Acte 3 mai 1358 (*Foyrerius, sive feudrum*, m^d de fourrages).

Bernard Ceder, de Perpignan.

Guilhem Jean, jardinier.

Pierre Salvet, pareur.

Raymond Palet, de la localité de Roque (Laroque).

Pierre Bertrand, témoin, scribe.

François Baralo, clerc de Perpignan.

XXXIII. Bernard Montelia, de Perpignan : 1° Champ = *L'Estany*; cens, *quinze deniers barcelonais.* Confronts, Pierre Jaubert, négociant.

En Foquet, charpentier-menuisier.

Bernard Rayners, jardinier.

En Cabaner.

Jean Colom, jardinier.

2° Un champ; cens, *douze deniers barcelonais*, ancien terrain de dame Borrio.

Jean Amat, de Perpignan.

Bernard Rayners.

3° Champs, 1/2 ayminate; cens, *six deniers barcelonais*.

Pierre Puig, roulier de Perpignan.

Bernard Jacob, menuisier (femme de).

Raymond *Castellet*, damoiseau (d'où *Castillet*).

Pierre Bertrand, scribe, et François Baralo, clerc de Perpignan, témoin.

XXXIV. Bernard Simon, pareur (*vigne*), BELL ROYRE; cens, *un denier barcelonais*. Acte 4 mai 1358.

Bernard Masade, jardinier.

Guilhem JOGLAR, cordonnier de Perpignan.

Dame Bell-Vesina (Beauvoisin), mulier de Perpignan.

P. Bertrand et F. Barallo, témoins.

XXXV. Veuve PERPINIANE Jean, fille de Pierre Masade, femme de Guilhem Jean (*vigne*, 1/2 ayminate), lieu dit LES VESELLES; cens, *six deniers*. Acte 5 mai 1358.

Guilhem Valcera, notaire, dépositaire du testament.

Pierre Salvet, pareur.

Bernard Rayners, jardinier, et Jean Bellero, maçon, témoins.

XXXVI. Jacques de Caselles, négociant (*deux bois*), *La Orla;* 1° cens, [     ] *sous*. Acte 8 mai 1358,

2° En Preses, scribe de Perpignan : cens, *deux sous barcelonais*.

Bernard Menestable, artisan de Perpignan.

En Joli, cordonnier de Perpignan.

Bernard Rayners et François Baralo, clercs de Perpignan, témoins.

XXXVII. Bernard de VERNET, notaire de Perpignan (*vigne et terre*); cens, *quatre sous barcelonais*. Acte 11 mai 1358.

Raymonde Rière, fille de Pascal Rière, forgeron (légataire de).

Dame Cugunya, tenanciers voisins.

Guilhem Aybri, jardinier.

Raymond Jacob, pareur de Perpignan.

Raymond Maseda, cadet.

B. Rayners et F. Baralo, témoins de l'acte.

XXXVIII. Raymond Boys, tisserand (*deux vignes*), *Als Alaus;* 1° cens, *six deniers*. Acte 18 mai 1358.

En Coll, tenanciers limitrophes.

En Cots, de Cabestany.

2° Vigne; cens, *trois parts de foriscap*.

Dame Roche (Na Rocha), habitant Perpignan.

Pierre Guillaume, de Perpignan.

B. Rayners et F. Baralo, clerc, témoins.

XXXIX. Pierre Cases, roulier (*champ*) *L'Eslany*; cens, *dix-huit deniers*. Acte 14 mai 1358.

Dame *Candeler* (fonds limitrophes).

Feu Bernard Jacob, menuisier (femme de).

Jean Colomine, jardinier.

Pierre Bertrand, scribe; Bernard Rayners, jardinier, témoins.

XL. Pierre Cases, roulier (*deux bois*); cens, 1° *douze deniers : Les Rotes d'En Sam.* Acte 14 mai 1358.

Jacques Cases (fils); Ermengarde, femme dudit.

Damoiseau Bérenger de Puig, tenancier voisin.

Pierre Serda, négociant.

Jean Fabre, de Vilarnau d'Amont.

2° Bois : *Als Orts;* cens, *neuf deniers barcelonais.*

Jean Béliard, voisin.

G. Dominique, de Cabestany.

P. Bertrand, scribe, et Bernard Rayners, jardinier, témoins.

XLI. Jean Bonet (femme de), de Cabestany; champ : *Los Alous,* six deniers. Acte 17 mai 1358.

Raymond Martell, *aventurerius*, marchand forain, frère de dame Bonet.

En Baxs, tisserand de Perpignan.

Raymond Gavis, de Cabestany.

D. Bertrand et B. Bernard, témoins.

XLII. Jacques Torrent, tailleur; 1° une vigne (ALS VOLOS); cens, *trois parts de foriscap.* Acte 14 mai 1358.

Bernard FUSTER, jardinier.

En Borcoll (femme de), de Villarnau.

2° Terre, *Cotiu,* Los VOLOS; cens, *quatre deniers barcelonais.*

Bernard Aganet, et tenanciers limitrophes :

En Borcoll (femme (d').

En Moliners, *panisserius domini Reges* (panetier du roi).

En Terrena, de Canet.

Bernard FUSTER, jardinier.

Pierre Bertrand, scribe, et Bernard Rayners, jardinier, témoins.

XLIII. Guilhelmine Seguer (femme de Pierre Seguer, jardinier, fille de Guilhem Paulo, *traginerius* de Perpignan) (*bois*); cens, *neuf deniers.* Acte 17 mai 1358.

Pierre Cases, roulier.

Dame CABESTANY (Na Cabestanya).

Jean Béliard, pareur de Perpignan.

Pierre [Bertrand] et Bernard Rayners, témoins.

XLIV. Ermessende Vigne, femme de Jean-Pierre de Bonpas, fille de feu PERPIGNAN VIGNE, de Bonpas (*champ,* 2 ayminates, *graxauteres;* cens, *une obole.* Acte 17 mai 1358.

Guilhelmine, fille d'Ermessende Vigne, et femme de Michel Martin, de Bonpas.

Jean Guillo; confronts :

Pierre Marquès, de Bonpas; portion de champ soumise à *un denier* de cens.

Pierre Royre, intendant de la curie du Roussillon (*sagione curie vicarii Rossilionis*); Jacques Nègre, notaire, témoins.

XLV. Veuve Ricsende CABESTANY, fille de Pierre Fabre, de Castel-Roussillon (veuve de Jean CABESTANY. 1° Bois (LA ORTA); cens, *douze deniers*. Acte 21 juin 1358.

Jean HOMDEDEU, de Perpignan (*Hominis Dei, tenentia*).

Jean Béliard, *draperius*, drapier.

2° Champ (LOS VOLOS); cens, *cinq sous barcelonais* annuels.

Pierre Jaubert et Bérenger Dorse, pareur, tenanciers limitrophes.

3° Champ (*Alaus*); cens, *six deniers barcelonais*.

Bérenger Dorse, pareur de Perpignan, voisin.

En Ginis, de Cabestany.

En Palet, de (la) ROCHE (Laroque) *de Ruppe*.

Pierre Bertrand, scribe, et François Baralo, clerc, témoins.

XLVI. Jean Fabre, prêtre de Saint-Jean, légataire de dame Alaman, sa mère, fille de feu Mathieu Dez Coll *de Castel-Roussillon*.

1° Bois (*Arenest*); cens, *neuf deniers barcelonais*. Acte 21 juin 1358.

Pierre Raymond, pareur de Perpignan, tenancier limitrophe.

Bérenger Béatrix, pareur (femme de).

2° *Palus*, dans la localité de Castel-Roussillon; cens, *quatre deniers barcelonais*.

Pierre Bertrand, scribe, et François Baralo, clerc, témoins.

XLVII. Jean Volona, maçon (*vigne*), BELL ROYRE; cens, *huit deniers*. Acte 5 février 1359.

Bernard Aganel, jardinier, tenancier limitrophe.

Jacques Palera.

Bernard Aybrin, laboureur (*laborator*).

Pierre Maney, jardinier, témoin.

Guillaume Pierre-Raymond (Perramon), tisserand, témoin.

XLVIII. Bérenger Buadelle, jardinier (*vigne*), *Los Volos;* cens, *six deniers*. Acte 8 février 1359.

Jean Dominique (Domingo), jardinier.

En Domenech, tisserand.

En Andreu, de Villarnau.

En Garrigue, jardinier (héritier de).

Raymond Arnald, négociant.

PERPIGNAN PEYRER, témoin de l'acte.

Guilhem ROUSSILLON, cadet, jardinier de Perpignan, témoin.

XLIX. PERPIGNAN PEYRER, jardinier (*vigne*); cens. *douze deniers*. Acte 8 février 1359.

Jean Amat, jardinier, voisin limitrophe.

Pierre Serda.

Bérenger Remigas.

Bernard Massanel, forgeron.

Raymond Palays, témoin.
Raymond Ripoll, jardinier, témoin.

L. Raymonde Palais, fille de Bérenger Estève, femme de Raymond Palais. Acte 8 février 1359.
Vigne et champ, *Als Volos;* cens, *deux sous* annuels.
Raymond Bois, confront.
Jean Torrent, maçon.
Raymond Ripoll, jardinier.
Bérenger Fabre et Bernard Fabre, jardiniers, témoins.

LI. Guilhelmine Ripoll (*vigne et champ*), *Volos;* cens, *dix-huit deniers*. Acte 8 février 1359.
Raymond Palais (femme de), tenanciers voisins.
Dame Garrigue (*mulier*).
Michel Malasanch, roulier,
Jean Torrent, de Perpignan.
Bérenger Fabre et Bernard Fabre, jardiniers, témoins.

LII. Jean Contestin, tisserand (*vigne et terre*), *Los Volons;* cens, *deux deniers*. Acte 8 février 1359.
François Pagès, tisserand, tenancier limitrophe.
Bernard Apia (Pia), *peyrerius*, maçon.
En Piquer, de Castel-Roussillon.
Pierre Carrère, brasseur.
Guilhem Joglar, cordonnier, témoin.
Bernard Franch, scribe de Perpignan, témoin.

LIII. Pierre Foquet, menuisier-charpentier (*vigne*), L'Estany; cens, *trois sous*. Acte 18 février 1359.
Pierre Jau[bert], de Perpignan, tenancier limitrophe.
Thomas Tuxa.
Bernard Gilabert, pareur (héritier de).
En Arnal, de Castel-Roussillon.
Bernard Franch, scribe de Perpignan, témoin.
Barthélemy Gilabert, de Vilarnau d'Amont, témoin.

LIV. Guilhem Carrère, boucher (*macellarius*) (*vigne*); cens, *une obole*. Acte 11 février 1359.
En Barsalo, tenancier voisin.
Raymond Arnald, peaussier.
En *Beatrice*, pareur de Perpignan.
Bérenger Cicard, clerc d'Argelès.
Bernard Franch, clerc de Perpignan, témoin.

LV. Jean Béliard, peaussier (*bois*), *La Salancha;* cens, *trois sous*. Acte 12 février 1359.
Pierre Mercader.
Raymond Laurador, drapier.
Jacques de ..., négociant.
En Nom de Deu (Nomdedeu), pareur.
Pierre Cases.
Pierre Fabre (veuve).

LVI. Guilhem Aybri, jardinier (*champ et vigne*), *Carderoles;* cens,
   *douze deniers barcelonais.* Acte 12 février 1359.
   Jacques Puig.
   Bérenger Dorsa.
   Arnald Macellar, boucher (*macellarius*), de Cabestany.
   Jean Bla..., de la famille royale, témoin.
   Bérenger Cicard, clerc de Perpignan, témoin.

LVII. Stéphane Folla, femme de Pierre Folla, jardinier de Perpi-
   gnan, vigne, *Carderoles;* cens, *dix-huit deniers.* Acte 13 fé-
   vrier 1359.
   En Imbaut, peaussier, voisin des tenures.
   Bernard Peyrer, tisserand.
   En March (héritier d'), de la localité de Castel-Roussillon.
   Pierre Massot (héritier de feu).
   Pierre Mamet, jardinier, témoin.
   Bérenger [Cicard], clerc de Perpignan, témoin.

LVIII. Pierre Carrère, brasseur (*vigne*), Los Volos; cens, *deux sous*
   payés indivisément entre Jacques Nègre, notaire de Perpi-
   gnan, et le *damoiseau*, Bérenger de Puig. Acte 14 fé-
   vrier 1359.
   Bernard Jaubert, pareur.
   En Castello.
   Vital Natan, *juif*.
   Bernard Apia (*peyrerius*). maçon.
   En Contest, tisserand.
   Pierre Fabre.
   Jean Dominique (*Domingo*), jardinier à Perpignan, témoin.
   Bérenger Cilard, clerc de Perpignan, témoin.

LIX. Ricsende de Cabestany, fille de Barthélemy, jardinier de Per-
   pignan, femme de Jean Dominique, jardinier de Perpi-
   gnan. Acte 14 février 1359.
   1° Vigne; cens, *six punyeres d'orge ras* annuelles, perçues par
   Guilhem Pin, d'Ille.
   2° Nicholas *Malasanch*, tenancier voisin.
   Pierre André de Vilarnau.
   Feu En Villalongue.
   3° Vigne; cens, *un denier barcelonais* annuel.
   En Domenech, tisserand, tenancier limitrophe.
   Pierre Masade, jardinier.
   Bérenger Buadelle, jardinier.
   Raymond Arnald, négociant.
   Jean Dominique, jardinier, témoin.
   Bérenger Cicard, jardinier de Perpignan. témoin.
   Pierre Sapte, notaire, rédacteur des actes.

# N<sup>os</sup> DES ACTES — NATURE DU TERRAIN — LIEU DIT
## SENTIERS — ROUTES, etc. [1]

I. Acte du 13 mars 1357. Bois, *Via publica*.

II. Acte du 19 avril 135…. Terre, *Correchs Mallols* (ravins de Maillols).

III. Acte du 8 février 1356. Vigne, *Bell Royre* (beau chêne), *cenderius*.

IV. Acte du 27 avril 1357. Champ, *Bell Royre*.

V. Acte du 29 avril 1357. Champ, *Camp del Clot* (champ du trou).

' Acte du 29 avril 1357. Champ, *Aculea stagni de Castro Rossilione* (ruisseau de l'étang de Castel-Roussillon).

VI. Acte du 2 mai 1357. Champ, *Pug Redon* (hauteur circulaire).

VII. Acte du 2 mai 1357. Deux vignes, *Cap del Stany* (commencement de l'étang).

VIII. Acte du 2 mai 1357. Vigne, *L'Estany* (l'étang).

IX. Acte du 4 mai 1357. Pré, *Orta* (jardin).

X. Acte du 4 mai 1357. Coteau et vigne, *Correchs dels Maillols* (ravins des nouvelles plantations).

XI. Acte du 9 mai 1357. Vigne et jardin, *Vinyals* (terroir des vignes).

XII. Acte du 9 mai 1357. Vigne, *Los Volos* (le tertre) et Via de Caneto.

XIII. Acte du 9 mars 1357. Vigne et terre, *Los Volos* et *Via publica de Canelo*.

XIV. Acte du 9 mai 1357. Vigne, *situata in terminis Beate Marie de Castro Rossilione*.

XV. Acte du 10 mai 1357. Trois vignes, lieu dit *Veselles*.

XVI. Acte du 11 mai 1357. Terre *rupta* (terrain défoncé), *Bosch del Arenest* (bois de la Sablière).

---

XVII. Acte du 11 mai 1357. Deux vignes, lieu dit *Vila-novela* (petite ville neuve).

XVIII. Acte du 11 mai 1357. Petit jardin, lieu dit *Vinyals* et *Via publica*.

XIX. Acte du 11 mai 1357. Vigne et terre, lieu dit *Almissarra*.

XX. Acte du 21 mai 1357. Vigne, lieu dit *Almissarra*, limité par un *sentier* et la *voie publique*.

XXI. Acte du 21 mai 1357. Vigne et terre, lieu dit *Almissarra*.

XXII. Acte du 21 mai 1357. Vigne, au *terroir de Notre-Dame de Castel-Roussillon*.

XXIII. Acte du 12 mai 1357. Vigne, lieu dit *Los Volos*, et un sentier (*venderius*).

XXIV. Acte du 12 mai 1357. Jardin à Castel-Roussillon, coteaux *del Cerls*.

XXV. Acte du 13 mai 1357. Vigne sise à Castel Roussillon, in *recho de Castro Rossilione*.

XXVI. Acte du 17 mai 1357. Jardin, in *recho molendini Castri* et in *flumine Thelis rupta* et *faxia*, terre dit *Arevest* et *Costes d'En Darder, Alaus* et *Vilanovela*.

XXVII. Acte du 22 mai 1357. Vigne, *Carderoles*.

XXVIII. Acte du 23 avril 1357. Forêt, sise au terroir de Castel-Roussillon,

XXIX. Acte du 24 août 1357. Champ, *Stany* (l'étang), *Aculea stagni de Castro Rossilione*.

XXX. Acte du 28 avril 1357, Vigne, terroir de Notre-Dame de Castel-Roussillon.

XXXI. Acte du 13 avril 1358. Vigne, *Bell Royre*.

XXXII. Acte du 3 mai 1358. Terre, *Casa de Na Brandina*.

XXXIII. Acte du 3 mai 1358. Champ, *L'Estany*.

XXXIV. Acte du 4 mai 1358. Vigne, *Bell Royre*.

XXXV. Acte du 5 mai 1358. Vigne, *Les Veselles*.

XXXVI. Acte du 8 mai 1358. Forêt, *La Orla* et (voie publique).

XXXVII. Acte du 11 mai 1358. Vigne et terre, sise à Castel-Roussillon.

XXXVIII. Acte du 12 mai 1358. Deux vignes, *Als Alaus* (les alleux).

XXXIX. Acte du 14 mai 1358. Champ, *L'Estany*.

XL. Acte du 14 mai 1358. Bois et terre, *Les Rotes d'En Sans;* bois, *Als Orls*.

XLI. Acte du 17 mai 1358. Champ, *Los Alous* (*via publica vocata* DE CARLES).

XLII. Acte du 14 mai 1358. Vigne, *Als Volos;* terre (*coliu*) *los Volos*.

XLIII. Acte du 17 mai 1358. Bois, confrontant (*via publica*) et *rectoria ecclesie loci de Castro Rossilione*.

XLIV. Acte du 17 mai 1358. Champ, confronte *hospitalerium de Villalonga*, situé à Saint-Sauveur, au lieu dit *Graxauteres.*

XLV. Acte du 21 juin 1358. Bois. *La Orla;* deux champs, *Los Volos* et *Alaus*.

XLVI. Acte du 22 juin 1358. Bois. *Arevest;* patus d'*En Anella, intus locum de Castro Rossilione*.

XLVII. Acte du 5 février 1359. Vigne, *Bell Royre, in quodam carrerono.*

XLVIII. Acte du 8 février 1359. Vigne, *Volos.*

XLIX. Acte du 8 février 1359. Vigne, *in terminis Beate Marie dicti Castri sita.*

L. Acte du viii février 1359. Vigne et champ, *Al Volos* (CUM ITINERE VOCATO DE CARLES).

LI. Acte du 8 février 1359. Vigne et champ, *Volos* (ITINERE PUBLICO VOCATO DE CARLES).

LII. Acte du 8 février 1359. Vigne et terre, *Los Volons.*

LIII. Acte du 8 février 1359. Champ (partie en vigne), *L'Estany, cum Aculea stagni de Castro Rossilione.*

LIV. Acte du 12 février 1359. Vigne, sise *in terminis Castri Rossilionis.*

LV. Acte du 12 février 1359. Bois, *La Salancha.*

LVI. Acte du 12 février 1359. Vigne et champ, *Carderoles* (confronte *cum Aculea dicti stagni*).

LVII. Acte du xiii février 1359. Vigne, *Carderoles*, sise à Castel Roussillon.

LVIII. Acte du 14 février 1359. Vigne, *Los Volos* (*in via publica*).

LIX. Acte du 14 février 1359. Deux vignes, *Los Volos* [1].

---

1. On remarquera que presque tous ces noms de lieu se trouvent dans le Registre de 1451 que j'ai transcrit antérieurement à celui-ci dans le *Capbreu de Castell Rossello*, édition Privat. Toulouse, 1916.

# TABLE DES MATIÈRES

# DU MÊME AUTEUR

**Le Bilan des Fouilles de Ruscino**, in-8º raisin; ouvrage orné de 46 photogravures et de 3 phototypies en couleurs hors texte. Imprimerie J. Comet, Perpignan, 1914.

    Cet ouvrage a été présenté à l'Académie des Inscriptions et Belles-Lettres, le 6 novembre 1914, en séance publique. (Le secrétaire perpétuel : G. Maspéro.)

**Les Vestiges de Ruscino**, in-8º raisin; ouvrage orné de 16 photogravures et d'une phototypie en couleur hors texte. Imprimerie Barrière et Cⁱᵉ, Perpignan. (1ʳᵉ série.)

**Les Guerres dans l'Antiquité et la Guerre moderne**, in-8ᵉ raisin, 2 volumes. Imprimerie Catalane, Perpignan, 1916.

**Les Librairies à l'époque antique; les Manuscrits du Roussillon**, in-8º raisin, avec photogravure fac-similé de la préface. Imprimerie J. Comet, Perpignan.

**Castell-Rossello au Moyen âge.** (2ᵉ série, livre I.) *Les Origines de Castell-Rossello*, grand in-8º raisin. Imprimerie Barrière, 1916.

**Castell-Rossello au Moyen âge.** (2ᵉ série, livre II.) *La Famille; La Propriété;* in-8º. Imprimerie Barrière, 1917.

**La Vigne dans l'Antiquité** : Légendes et traditions du dieu de la vigne. Toulouse, imprimerie Édouard Privat, 1916.

**Castell-Rossello au Moyen age** : Papier terrier de Castell-Rossello, 1451-1456. Toulouse, imprimerie Édouard Privat, 1916.

**L'Église Notre-Dame de Castel-Roussillon** : La chapelle Sainte-Thècle et Vilarnau, in-8º raisin; 1 gravure hors texte. Imprimerie Barrière et Cⁱᵉ, 1917.

*Sous presse pour paraître en 1917-1918.*

**La Colonie antique de Ruscino**, in-8º; édition unique de luxe, papier alpha, 9 photogravures hors texte. Éditeur, J. Comet, Perpignan.

**La Céramique de Ruscino**, in-8º, 12 photogravures hors texte. Imprimerie J. Marty, Perpignan.

**Les Moulins de Castell-Rossello et de Canet** : Droits de pêche et droits d'épaves. Extrait de la revue *Ruscino*. Tirage à part avec importante addition de texte. Imprimerie Barrière et Cⁱᵉ (3ᵉ série, livre II).

**Les Intendants du Roussillon et la lutte contre les inondations à Perpignan de la Basse et de la Tet**, in-8º, 600 pages environ. Imprimerie Barrière et Cⁱᵉ, Perpignan (3ᵉ série, livre III).

**Les Théâtres dans l'Antiquité**, in-8º. Imprimerie J. Comet, Perpignan.

**L'Organisation municipale de Perpignan du douzième au dix-huitième siècle.** Documents inédits (4ᵉ série, livre I).

**Documents historiques sur la Ville de Perpignan.** *Revue Catalane*, 1917-1918. Tirage à part avec addition des textes latins (4º série, livre II).